D1723592

Back
zeit

100 süsse und pikante Rezepte mit Schweizer Milchprodukten

Schweizer Milchproduzenten SMP
Weststrasse 10, CH-3000 Bern 6
www.swissmilk.ch

Impressum

1. Auflage 2000

© **Copyright by**
Schweizer Milchproduzenten SMP, Bern
Projektleitung Isabelle Stupnicki, SMP, Bern
Rezepte Silvia Bryner, Olten
Judith Gmür-Stalder, Sumiswald
Test- und Fotoküche Silvia Bryner, Olten
Judith Gmür-Stalder, Sumiswald
Andreas Neubauer, Freiburg (D)
Fotos und Styling Michael Wissing,
Waldkirch (D)
Gestaltungskonzept, Realisation und Satz
P'INC. AG, Langenthal
Textkonzept und Text Pia Messerli, Bern
Lithos Denz Lith-Art AG, Bern
Druck Merkur Druck AG, Langenthal

ISBN 3-909230-73-3

Inhalt

4 Rezepte: süss und pikant
7 Backzeit
8 Background
19 Backrezepte
238 Rezepte: A bis Z

4

Rezepte: süss und pikant

klassisch: für die unvergessenen Zeiten
22 Biskuitroulade
mit Erdbeer-Rahm-Füllung
73 Schokolade-Nuss-Cake
99 Osterflädli
121 Kirschtorte
160 Quarktorte mit Himbeeren
177 Butterzopf
189 Marmor-Gugelhupf
195 Schwarzwäldertorte
219 Rahmfladen
235 Käsekuchen

überraschend: für Trendsetter
39 Monte Rosa
49 Pouletstrudel mit Lavendel
und Knoblauchrahm
57 Japonais-Törtchen
mit Rotwein-Rhabarber
61 Kartoffel-Rohschinken-Tarte
74 Beerenpizzas
85 Brioche-Gugelhupf
mit Orangenblütentee getränkt
88 Holunder-Eier-Kuchen
117 Randen-Orangen-Cake
119 Cappuccino-Kartoffel-Torte
122 Zebra-Cake
139 Zigerwähe
150 Marronibrot
153 Süssholzguetzli
173 Buttermilchfladen mit Teepflaumen
199 Lebkuchencake
mit weisser Schokolade
203 Kürbispizza
211 Pikanter Quittenkuchen
227 Fenchel-Zitronen-Kuchen
230 Waffeln mit Caramel-Aprikosen
und Brombeeren

fruchtig: für einheimische Obst- und Beerengenüsse
35 Rhabarber-Quark-Küchlein
40 Apfelwähe
67 Verkehrter Pflaumenkuchen mit Koriander
113 Cassis-Schokolade-Rhomben
163 Heidelbeer-Nektarinen-Focaccias
167 Kirschenwürfel
179 Johannisbeerwürfel
212 Birnenblechkuchen mit Sternanis
217 Aprikosen-Jogurt-Kuchen

verführerisch: für Naschkatzen
19 Vanille-Kirschen-Rosette
21 Schokoladetorte
50 Rüeblitorte mit Mokka-Buttercrème
63 Zuccotto
79 Diplomattorte
83 Quitten-Rahm-Torte
94 Nougat-Kürbis-Kuchen
101 Rosa Mousse-Torte
109 Nusskegel
131 Petit fours
143 Cappuccino-Törtchen
171 Halb gebackene Schokoladetörtchen
174 Mokkatorte
181 Weisser Cheesecake
196 Glacetörtchen
204 Rosarote Apfel-Rahm-Tarte
209 Holunderblütenkränzchen
220 Haselnuss-Schokolade-Spitzchen
225 Baumnusstorte mit Pflaumenfüllung

ofenfrisch: für den grossen Hunger
25 Schweinsfilet im Apfelmantel
33 Pikanter Griesskuchen mit Gemüse
71 Chicorée-Jalousien
93 Spargelrolle an Kerbel-Vinaigrette
102 Calzoni mit Pilzen und Kalbfleisch
111 Pikanter Apple-Pie mit Preiselbeeren
145 Krautstielenwähe mit Rohesspeck und Jurakäse
155 Kartoffel-Broccoli-Weggen
193 Savarins mit Pilz-Zwiebel-Füllung
229 Sauerkraut-Kürbis-Pie

mini: für Fingerfood
29 Pikante Spitzbuben
55 Kaffee-Nuss-Gipfeli
69 Erdbeer-Bonbons
107 Safranfischli
125 Pilz-Rahm-Schnittchen
129 Vitello-tomato-Herzli
137 Mandel-Perlen-Törtchen
157 Glasierte Schokolade-Mais-Guetzli
187 Mini-Focaccias mit marinierten Rüebli
207 Dörrtomaten-Brioches
223 Apfeltaler
233 Meringue-Beeren-Tartelettes

bombig: für die Party
45 Zucchiniblechkuchen mit Kräutern
64 Pralinwelle
77 Kügelitorte
87 Apfel-Johannisbeer-Schnecke
97 Käse-Shortbread mit grünem Pfeffer
114 Brötchenrad mit Tête de Moine und Basilikum
132 Schokoladewürfel
140 Schachbrett-Pyramide
149 Croquembouche mit Honig-Wein-Füllung
165 Gefüllte Brotcakes
184 Hackröllchen mit Quark-Dip

schnell: für Kurzentschlossene
27 Praliné-Muffins
30 Zitronenkräuter-Cake
43 Butterschnitten
47 Brombeer-Zimt-Cake
53 Sbrinzhäufchen
91 Marronicake
135 Neue Florentinerli
159 Maisbrötchen
183 Kaffee-Nuss-Brownies
201 Kardamom-Hafer-Cookies

Backzeit

Zarter Butterduft in der Luft. Rühren und kneten. Feinste Zutaten überall. Formen und garnieren. Wohlige Ofenwärme breitet sich aus. Geniessen und staunen. Backzeit weckt Erinnerungen und die Sinne.

Klassische oder trendige Backrezepte neu entdecken. Sich von süssen Früchtchen oder Naschereien verführen lassen. Den kleinen oder grossen Hunger stillen. Einen kurzfristigen Apéro oder eine bombige Party schmeissen. Backzeit steckt voller Gelegenheiten und Ideen.

Schweizer Milchprodukte, Früchte, Beeren, Gemüse, Eier, Fleisch und Fisch. Natürlich und frisch. 100 Backrezepte. Süss und pikant. Ein guter Background. Informativ und hilfreich. Backzeit bringt Genuss und Freude.

Background

Backen

Backform vorbereiten

Springform Bei Biskuitteig: Formboden mit Backpapier belegen. Rand nicht bebuttern, damit das Biskuit «hochklettern» kann. Bei allen anderen Teigen: Boden mit Backpapier belegen. Rand bebuttern und bemehlen. Oder Rand leicht bebuttern und aus Backpapier einen Kreis schneiden, der im ø ca. 7 cm grösser ist als die Form. Im Abstand von ca. 6 cm bis zur Formgrösse einschneiden und Papierstreifen hochklappen, in die Form legen.

Cakeform auf ein Backpapier stellen. Mit Bleistift dem Formboden nachfahren, Form auf alle 4 Seiten legen und den Rändern nachzeichnen. Das entstandene «Schnittmuster» ausschneiden. Backpapier mit der Beschriftung nach aussen (kein Kontakt zum Teig) mit einigen Tupfern Butter in der Form festkleben.

Ring-, Gugelhupf-, spezielle Form mit flüssiger Butter bepinseln, mit Mehl bestäuben und (ausser bei Hefeteig) kühl stellen. Das Gebäck lässt sich dann ganz leicht aus der Form lösen.
Backblech Wird für ein Gebäck nur ein Teil eines ofengrossen Bleches gebraucht, kann man es mit Alufolie (4-lagig) abtrennen: Einen ca. 10 cm längeren Alustreifen als das Blech breit ist längs 2-mal falten. An der gewünschten Stelle ins Blech legen und Enden umklappen. Backpapier entsprechend zuschneiden und hineinlegen. Alustreifen wenn nötig fixieren, z.B. mit einer Cakeform.

Blindbacken Teig in die Form/Förmchen legen und mit einer Gabel einstechen. Variante 1: Mit einer/m zweiten, aussen bebutterten Form/Förmchen beschweren. Variante 2: Mit Backpapier belegen und mit Hülsenfrüchten oder Fruchtsteinen beschweren. Die zum Beschweren verwendeten Materialien gegen Ende der Backzeit entfernen und Teig fertig backen.

Backofen
Konventionell Im Allgemeinen beziehen sich die Backangaben der Rezepte auf einen konventionellen Ofen. Wo sinnvoll, ist die Ofentemperatur für Heiss-/Umluft angegeben.
Heiss-/Umluft Ofentemperatur generell 20–25 °C niedriger einstellen. Die Backzeiten bleiben unverändert. Der Heiss-/Umluftofen ermöglicht ein gleichzeitiges Backen auf mehreren Ebenen.

Hilfsmittel

Wallholz Ein kleines Spielzeugwallholz erleichtert das gleichmässig runde, faltenfreie Auswallen des Teiges.

Backprobe

Rührteig-, Biskuitgebäck Mit einer Stricknadel in die Mitte stechen. Bleibt kein Teig mehr daran kleben, ist das Gebäck fertig gebacken.
Brot, Zopf An der Unterseite klopfen. Tönt es hohl, sind sie gut.

Gebäck aus der Form nehmen

Feines Gebäck, z. B. Biskuit, in der Form auskühlen lassen, dann herausnehmen.
Das Biskuit bleibt feucht, da der Dampf beim Auskühlen nicht nach unten entweichen kann.
Kuchen, Cake, Gugelhupf usw. aus Rührteig in der Form 10–15 Minuten leicht auskühlen lassen. Dann sorgfältig auf ein Kuchengitter stürzen oder herausheben, auskühlen lassen.
Rouladenbiskuit samt Backpapier auf eine hitzefeste Fläche gleiten lassen. Mit dem heissen Blech zudecken und auskühlen lassen. Das Biskuit bleibt feucht und lässt sich ohne zu brechen rollen.
Wähe, Pizza, Brot, Zopf, Guetzli, Kleingebäck sofort auf ein Kuchengitter legen und auskühlen lassen. So bleibt das Gebäck bzw. der Boden knusprig.

Spritzsack

Tüllen sind Spritzsackvorsätze aus Kunststoff oder Metall. Sie werden in die Spritzsackspitze gesteckt. Für festere, grobe Massen grössere, für weiche, feine Massen kleinere Tüllen nehmen.
Mehrwegspritzsack Oben eine 10–15 cm breite Manschette nach aussen schlagen. Bei Verwendung ohne Tülle, die Spitze 1–2-mal umfalten, sonst Tülle gut hineinstecken. Zum Einfüllen: Mit der Spitze nach unten in einen Massbecher stellen, Tülle evtl. umklappen. Zum Garnieren: Manschette hochklappen und verdrehen, so dass die Masse satt von oben nach unten gedrückt werden kann.

Zutaten

Massangaben
EL Esslöffel, gestrichen voll
TL Teelöffel, gestrichen voll
Prise Menge, die zwischen
zwei Fingern Platz hat
Msp. Messerspitze, 2–3 Prisen
kg Kilogramm
g Gramm
l Liter
dl Deziliter
wenig, etwas, einige, ca. Dosierung
nach persönlichem Geschmack

Einwegspritzsack Ohne Tülle: Spritzsackspitze
erst nach dem Einfüllen der Masse wegschneiden. Mit Tülle: Spitze vor dem Einfüllen
wegschneiden.
Spritztütchen Aus Backpapier ein gleich-
schenkliges Dreieck schneiden. Die am
weitesten voneinander liegenden Spitzen
fassen. Eine Spitze innenrum, die andere
aussenrum zur dritten Spitze drehen.
Das Backpapier liegt jetzt doppelt übereinander. Zum Fixieren die Spitzen 2–3-mal
nach aussen umklappen. Masse einfüllen,
Tütchen verschliessen und beliebig grosse
Spitze wegschneiden.

Butter
Butter enthält keine Zusatzstoffe, dafür viele
natürliche Nähr- und Aromastoffe.
Die Butter eignet sich für Anwendungen
in der warmen sowie kalten Küche –
und insbesondere zum Backen.
Bratbutter, Bratbutter soft, Bratcrème sind hoch
erhitzbar, also ideal zum Braten und Dämpfen.
Spezialitäten aus Vorzugsbutter wie Süss-
rahmbutter (Floralp) und gesalzene Butter
werden v. a. in der kalten Küche verwendet.

Mandelmasse, Marzipan
Mandelmasse (Backmarzipan), neutral
oder farbig, ist backfest, denn sie besteht
im Gegensatz zu Marzipan aus gleich
viel Mandeln wie Zucker. Bei Grossverteilern
meist nur von ca. Mitte Oktober bis Ende
Januar, in gut sortierten Lebensmittel-
geschäften und -abteilungen grosser Waren-
häuser während des ganzen Jahres
erhältlich. Mandelmasse selbst gemacht:
250 g Mandeln, geschält, gemahlen,
mit 250 g Puderzucker im Cutter portionenweise puderfein mahlen. Verquirltes Eiweiss
löffelweise dazugeben, mischen und
zu einem «Teig» zusammenfügen.
Zugedeckt im Kühlschrank aufbewahren.
Marzipan (Dekormarzipan), neutral oder
farbig, ist wegen des höheren Zuckergehaltes
nicht backfest und wird für Garnituren
verwendet: Auf Puderzucker auswallen
und Verzierungen ausstechen.

Gelatine, Agar Agar

Gelatine und Agar Agar bewirken das
Festwerden einer Masse in kaltem Zustand,
z. B. Quarkmasse.

Blattgelatine Gelieren einer heissen Masse:
Gelatine in reichlich kaltem Wasser
3–5 Minuten einweichen. Von Hand gut
auspressen. Portionenweise mit
dem Schwingbesen in die Masse rühren.
Gelieren einer kalten Masse: Gelatine
einweichen und auspressen. Im warmen
Wasserbad auflösen, 1–2 EL der Masse
dazurühren. Dann unter ständigem Rühren
zur Masse geben. In der Schüssel im kalten
Wasserbad oder im Kühlschrank ansulzen
lassen, bis sich beim Umrühren Spuren
abzeichnen und die Masse eine dickliche
Konsistenz hat. Zu wenig angesulzt,
ist es möglich, dass sich die Masse trennt
und nicht homogen geliert. Z. B. bleibt
der Schlagrahm obenauf und die schwerere
Flüssigkeit (wie Fruchtpüree) setzt sich
am Formboden ab.

Pulvergelatine Gelieren einer heissen Masse:
Pulver direkt in die Masse rühren.
Gelieren einer kalten Masse: Gelatine mit
1–2 EL kaltem Wasser oder anderer Flüssigkeit
anrühren. Unter ständigem Rühren erwärmen,
bis sie aufgelöst ist, nicht kochen. 1–2 EL
der Masse dazurühren. Dann unter ständigem
Rühren zur Masse geben.

Agar Agar ist ein pflanzliches Alternativprodukt
zur Gelatine. Gelieren einer heissen Masse:
Agar Agar in wenig kaltem Wasser auflösen.
Unter ständigem Rühren zur Masse geben,
aufkochen und 1–2 Minuten köcheln.
Gelieren einer kalten Masse: Pulver direkt
in die Masse rühren, dann aufkochen
und 1–2 Minuten köcheln.

Nussnougat Aus gleichen Teilen Zucker
und Wasser ein hellbraunes Caramel kochen.
Geröstete, geschälte Haselnüsse beifügen,
glasieren. Sofort auf ein mit Backpapier belegtes Blech geben, auskühlen lassen.
Im Plastikbeutel zerkleinern oder im Cutter
grob hacken.

Pralin Aus gleichen Teilen Zucker
und Wasser ein hellbraunes Caramel kochen.
Ganze ungeschälte Haselnüsse beifügen,
glasieren. Sofort auf ein mit Backpapier
belegtes Blech geben, auskühlen lassen.
Im Cutter fein mahlen oder an einer feinen
Raffel reiben.

Apricotur dient als Isolierschicht zwischen
Gebäck und Glasur: Aprikosenkonfitüre
erwärmen und durch ein Sieb streichen.
Gebäck damit bestreichen, antrocknen lassen
und dann glasieren. Durch die Apricotur
trocknet die Glasur regelmässig und bleibt
glänzend.

Tipps

Haselnüsse rösten und schälen Ganze, gehackte oder gemahlene Nüsse in einer Bratpfanne ohne Fett bei mittlerer Hitze langsam hellbraun rösten, ab und zu rühren oder schütteln. Oder im oberen Teil des auf 200 °C vorgeheizten Ofens rösten. Auskühlen lassen. Ganze Haselnüsse zum Schälen noch heiss in ein Küchentuch geben, darin hin und her bewegen, bis sich die Nusshäutchen lösen.

Im Plastikbeutel zerkleinern Guetzli oder Nougat in einen stabilen Plastikbeutel füllen und gut verschliessen, dabei die Luft herausdrücken. Mit dem Wallholz zuerst darauf schlagen, dann darüber wallen, bis das Mahlgut die gewünschte Feinheit hat.

Backen Gebäck in Formen immer auf ein ofengrosses Blech stellen. Die Hitze wird besser und regelmässiger übertragen. Das Gebäck geht gleichmässig auf, Wähen und Pizzas bekommen einen knusprigen Boden.

Schokolade, Couverture, Kuchenglasur schmelzen lassen Schokolade, Couverture und Kuchenglasur werden u. a. zum Glasieren und Verzieren von Torten und Kleingebäck verwendet. Sie unterscheiden sich in der Handhabung. **Schokolade, Couverture** müssen sorgfältig geschmolzen werden, da sie sonst ihre Bindung und den Glanz verlieren. Schokolade: hacken, in einem Schüsselchen (am besten aus Metall) ins warme, aber nicht heisse Wasserbad setzen und schmelzen lassen, öfters rühren. Couverture: hacken, nur die Hälfte im Wasserbad schmelzen lassen, Schüsselchen herausnehmen und restliche Couverture hineinrühren, bis sie geschmolzen ist. Leicht auskühlen lassen. Für Glasuren oder Garnituren nochmals im Wasserbad auf 30–32 °C erwärmen (handwarm). **Kuchenglasur** im Beutel 10 Minuten in gut handwarmes Wasser legen. Beutel herausnehmen und trockentupfen, da schon wenige Wassertropfen die Glasur hart werden lassen. Zum Glasieren oder Garnieren eine beliebig grosse Ecke des Beutels wegschneiden.

Schokoladegarnituren
Schokoladelocken Flüssige Couverture oder
Kuchenglasur auf einer Marmorplatte
oder einem Blechrücken dünn ausstreichen.
Warten, bis die Masse geschmeidig weich ist.
Mit einem Spachtel in flachem Winkel
Locken von der Unterlage schaben.

Tricks

Rahm schneller steif schlagen Bei grösseren
Mengen (ab 2–3 dl) zuerst 1–2 dl kalten Rahm
in einem vorgekühlten Gefäss flaumig
schlagen. Restlichen Rahm nach und nach
unter Rühren beifügen, steif schlagen.

Wenn der Rührteig gerinnt Die Zutaten sollten
alle Raumtemperatur haben. Gerinnt die
Masse aus Butter, Zucker und Eiern trotzdem,
Schüssel kurz in heisses Wasser stellen
und rühren, bis die Masse wieder glatt ist.

Gespritzte Schokoladegarnituren Flüssige
Schokolade oder Couverture in die Ecke eines
Plastikbeutels geben, Beutel verschliessen.
Kuchenglasur direkt im Beutel schmelzen
lassen. Eine winzige Ecke des Beutels wegschneiden. Beliebige Formen auf Backpapier
spritzen. Im Kühlschrank vollständig
auskühlen lassen, dann sorgfältig vom Papier
lösen.

Damit das Gebäck nicht zusammenfällt
Angegebene Backpulver-Dosierung genau
einhalten. Flüssige Butter immer ausgekühlt unter den Biskuitteig mischen,
warme Butter lässt den Teig beim Backen
zusammenfallen. Backofen nicht vor
Ablauf der angegebenen Backzeit öffnen,
durch Luftzug kann das Gebäck zusammenfallen. Biskuitteig (mit steif geschlagenem
Eiweiss) sofort backen, durch langes
Herumstehen fällt die Masse schon vor
dem Backen wieder zusammen.

Biskuittorte halbieren Gebackenes,
ausgekühltes Biskuit in Folie gewickelt
12–24 Stunden ruhen lassen. Jetzt lässt sich
das Biskuit besser halbieren: Biskuitrand
rundum mit einem scharfen Messer einritzen
und einen dünnen reissfesten Nähfaden
in den Schnitt legen. Die Fadenenden vorne
kreuzen und zusammenziehen, bis das Biskuit
durchgeschnitten ist.

Glänzende Schokoladeglasur Gebäck vor
dem Glasieren Raumtemperatur annehmen
lassen. Bei zu kaltem Gebäck wird
die Glasur zu schnell hart – und matt.

1 Für den Quarkblätterteig Mehl und Salz mischen. Butter beifügen und zu einer krümeligen Masse verreiben, eine Mulde formen. Quark hineingeben. Zu einem Teig zusammenfügen, nicht kneten. In Folie gewickelt mindestens 1 Stunde kühl stellen.

2 Einfache Tour: Teig auf wenig Mehl 40×20 cm gross auswallen, Mehl von der Teigoberfläche wegpinseln. Schmalseiten über die Mitte einschlagen, so dass 3 Teigschichten entstehen. Zugedeckt 20 Minuten kühl stellen.

3 Doppelte Tour: Teig 40×20 cm gross auswallen, Mehl von der Teigoberfläche wegpinseln. Schmalseiten bis zur Mitte einschlagen, so dass sich die Kanten berühren. Teig in der Mitte falten, so dass 4 Teigschichten entstehen. Zugedeckt 20 Minuten kühl stellen.

4 Für die Füllung Milch mit Vanillemark und -stängel aufkochen, Vanillestängel entfernen. Eigelb, Ei, Zucker, Vanillezucker und Maisstärke zu einer hellen,

Vanille-Kirschen-Rosette

schaumigen Masse schlagen. Vanillemilch unter Rühren zur Eimasse giessen. In die Pfanne zurückgeben und unter Rühren bis kurz vors Kochen bringen. Leicht auskühlen lassen. Mandeln und Likör darunter rühren. Kirschen darunter ziehen.

5 Quarkblätterteig halbieren und auf wenig Mehl 2 Kreise (30 cm und 32 cm ø) auswallen. 2 Rosetten zuschneiden. Kleinere Rosette auf ein mit Backpapier belegtes Blech legen. Füllung darauf verteilen, rundum 2 cm Rand frei lassen. Teigrand mit Eigelb bepinseln. Grössere Rosette darauf legen und Rand festdrücken, dabei möglichst alle Luft herauspressen. 20 Minuten kühl stellen. Mit Eigelb bepinseln. Mit einem Messer ein beliebiges Muster in die Oberfläche ritzen.

6 Im unteren Teil des auf 220 °C vorgeheizten Ofens 10 Minuten backen. Ofentemperatur auf 170 °C reduzieren, 20–25 Minuten fertig backen. Lauwarm servieren.

« Statt Kirschen Weichseln verwenden. **»**

Für 6–8 Personen

Backpapier für das Blech

Quarkblätterteig:
200 g Mehl
¼ TL Salz
100 g Butter, kalt,
in Stücke geschnitten
200 g Halbfettquark

Füllung:
1,5 dl Milch
1 Vanillestängel,
ausgeschabtes Mark
und Stängel
2 Eigelb
1 Ei
90 g Zucker
1 Päckchen Vanillezucker
1½ EL Maisstärke
150 g Mandeln,
evtl. geschält, gemahlen
1–1½ EL Bittermandellikör
(Amaretto), nach Belieben
200 g Kirschen, entsteint

1 Eigelb mit
1 TL Milch verquirlt

Für 1 Springform
von 24 cm ø

Backpapier für die Form

Teig:
250 g Butter, weich
200 g Zucker
4 Eier
200 g dunkle Schokolade,
geschmolzen
(siehe Seite 13)
50 g gemahlene
Haselnüsse
200 g Mehl
1 TL Backpulver

Füllung:
75 g Johannisbeergelee,
verrührt
4 EL Johannisbeergelee,
erwärmt

Glasur:
200 g dunkle Schokolade,
geschmolzen
(siehe Seite 13)
2 EL Orangenlikör
(Grand Marnier)
oder Orangensaft
50 g Butter,
in Stücke geschnitten
50 g Puderzucker

Garnitur:
1 dl Vollrahm,
steif geschlagen

1 Für den Teig Butter rühren, bis sich Spitzchen bilden. Zucker und Eier beifügen, rühren, bis die Masse hell ist. Schokolade darunter mischen. Haselnüsse, Mehl und Backpulver mischen, darunter rühren.

2 Teig in die mit Backpapier belegte Form füllen, glatt streichen.

3 Im unteren Teil des auf 180 °C vorgeheizten Ofens 45–55 Minuten backen, auskühlen lassen.

4 Für die Füllung Biskuit waagrecht halbieren.

Schokoladetorte

Boden mit verrührtem Gelee bestreichen. Deckel darauf legen und Oberfläche mit erwärmtem Gelee bestreichen, 30 Minuten antrocknen lassen.

5 Für die Glasur Schokolade, Likör oder Orangensaft, Butter und Puderzucker verrühren. Kuchen glasieren, trocknen lassen.

6 Die Torte mit Rahm garnieren.

« Statt Johannisbeergelee Bitterorangenkonfitüre verwenden. Wenn die Glasur gerinnt, 1–2 EL heisses Wasser darunter rühren. »

Für 1 ofengrosses Blech

Backpapier für das Blech

Teig:
4 Eiweiss
1 Prise Salz
100 g Zucker
1 Zitrone, abgeriebene
Schale
4 Eigelb
100 g Mehl
30 g Butter, flüssig,
ausgekühlt

Füllung:
2 dl Vollrahm,
steif geschlagen
1 Päckchen Vanillezucker
Zucker, nach Belieben
250 g Erdbeeren,
klein gewürfelt
150 g Erdbeeren, püriert

Garnitur:
Puderzucker
1 dl Vollrahm,
steif geschlagen
Erdbeeren, halbiert

1 Für den Teig Eiweiss mit Salz steif schlagen. Zucker und Zitronenschale beifügen, weiterschlagen, bis die Masse glänzt. Eigelb kurz dazurühren. Mehl dazusieben. Mit Butter sorgfältig darunter ziehen.

2 Teig auf dem mit Backpapier belegten Blech rechteckig, 1 cm dick ausstreichen.

3 In der Mitte des auf 220 °C vorgeheizten Ofens 6–8 Minuten backen. Sofort auf ein Tuch stürzen und

Biskuitroulade
mit Erdbeer-Rahm-Füllung

mit dem heissen Blech zudecken, auskühlen lassen.

4 Für die Füllung Rahm, Vanillezucker, Zucker und Erdbeerwürfel sorgfältig mischen.

5 Biskuit vom Backpapier lösen. Mit Erdbeerpüree bestreichen. Füllung darauf verteilen und aufrollen, kühl stellen.

6 Die Roulade mit Puderzucker bestäuben. Mit Rahm und Erdbeeren garnieren.

1 Für den Teig Mehl und Salz mischen, eine Mulde formen. Hefe in wenig Milch auflösen, mit restlicher Milch und Butter hineingiessen. Zu einem glatten, geschmeidigen Teig kneten. Zugedeckt bei Raumtemperatur aufs Doppelte aufgehen lassen.

2 Für die Füllung Apfelwein oder -saft aufkochen. Äpfel beifügen und ca. 3 Minuten köcheln, absieben. Kalbsbrät, Quark, Senf und Dörrpflaumen mischen, Äpfel darunter ziehen.

3 Schweinsfilet würzen. In heisser Bratbutter rundum 3–4 Minuten anbraten, herausnehmen.

Schweinsfilet im Apfelmantel

4 Teig auf wenig Mehl ca. 28×20 cm gross auswallen. Speck ziegelartig in der Länge des Filets in die Mitte des Teiges legen. Brätmasse darauf streichen. Filet in die Mitte legen und Teigschmalseiten einschlagen, aufrollen. Mit der Abschlusskante nach unten auf ein mit Backpapier belegtes Blech legen, zugedeckt ca. 30 Minuten aufgehen lassen. Mit Ei bepinseln. Mit Kümmel und Salz bestreuen.

5 Im unteren Teil des auf 200 °C vorgeheizten Ofens 35–40 Minuten backen. Im ausgeschalteten, leicht geöffneten Ofen 5 Minuten ruhen lassen.

« Dazu passen verschiedene Salate. »

Für 4 Personen

Backpapier für das Blech

Teig:
300 g Mehl
1 TL Salz
15 g Hefe, zerbröckelt
ca. 1,75 dl Milch
30 g Butter, flüssig, ausgekühlt

Füllung:
1 dl Apfelwein oder Apfelsaft
2 kleine rotschalige Äpfel, klein gewürfelt
250 g Kalbsbrät
100 g Halbfettquark
2 TL Senf
40 g Dörrpflaumen ohne Stein, in Streifen geschnitten
1 Schweinsfilet, ca. 400 g
1 TL Salz
Pfeffer aus der Mühle
Bratbutter oder Bratcrème
200 g Frühstücksspeck-Tranchen

1 Ei, verquirlt
Kümmel und grobkörniges Salz zum Bestreuen

27

Praliné-Muffins

1 Mehl, Salz, Backpulver, Zucker und Vanillezucker mischen. Eier, Halbrahm und Butter verrühren, dazugeben. Kurz zu einem glatten Teig verrühren.

2 Je ca. 1 EL Teig in die ausgebutterten und bemehlten Blechvertiefungen oder die Förmchen geben.

Je 1 Praliné darauf setzen. Mit restlichem Teig bedecken.

3 In der Mitte des auf 180 °C vorgeheizten Ofens 20–25 Minuten backen.

4 Restliche Pralinés halbieren. Auf die noch leicht warmen Muffins verteilen, auskühlen lassen.

Für 1 Muffinblech
mit 12 Vertiefungen
oder 12 Muffinförmchen
aus Backpapier
(in Bäckereien erhältlich)

Butter und Mehl
für das Blech

250 g Mehl
1 Prise Salz
2 TL Backpulver
100 g Zucker
1 Päckchen Vanillezucker
2 Eier
2 dl Halbrahm
50 g Butter, flüssig,
ausgekühlt
18 Pralinés, weiss,
hell, dunkel gemischt

1 Für den Teig Butter rühren, bis sich Spitzchen bilden.
Zucker, Salz und Paprikagemüsegranulat dazurühren.
Eigelb beifügen und rühren, bis die Masse hell ist.
Haselnüsse und Mehl mischen, darunter rühren.
Zu einem Teig zusammenfügen, nicht kneten. In Folie
gewickelt 30 Minuten kühl stellen.

2 Für die Füllung Blauschimmelkäse mit einer Gabel
zerdrücken. Mascarpone und Petersilie darunter rühren,
pfeffern.

3 Teig auf wenig Mehl 2–3 mm dick auswallen.
Runde (ca. 4 cm ø) Bödeli und Deckeli mit Loch

Pikante Spitzbuben

ausstechen. Auf 2 mit Backpapier belegte Bleche legen,
20 Minuten kühl stellen.

4 Nacheinander in der Mitte des auf 200 °C vorgeheizten
Ofens oder zusammen im auf 180 °C vorgeheizten
Heiss-/Umluftofen 8–10 Minuten backen, auskühlen
lassen.

5 Füllung in einen Spritzsack mit glatter Tülle füllen.
Sorgfältig auf die Bödeli spritzen. Deckeli darauf legen.

« Statt Paprikagemüsegranulat 1 TL Kräutermischung
beifügen. »

Für ca. 40 Stück

Backpapier für die Bleche

Teig:
125 g Butter, weich
½ TL Zucker
½ TL Salz
1 TL Paprikagemüse-
granulat
1 Eigelb
50 g gemahlene
Haselnüsse
150 g Mehl

Füllung:
75 g Blauschimmelkäse,
z. B. Couronzola,
ohne Rinde
50 g Mascarpone
1 EL glattblättrige
Petersilie, fein gehackt
Pfeffer

**Für 1 Cakeform
von 28 cm Länge**

Backpapier für die Form

150 g Butter, weich
175 g Zucker
1 Prise Salz
½ Zitrone,
abgeriebene Schale
je 1 EL Zitronenmelisse
und Zitronenthymian,
gehackt
3 Eier
300 g Mehl
1 TL Backpulver
1 dl Milch
1 dl Vollrahm

Zitronenthymian
zum Garnieren

1 Butter rühren, bis sich Spitzchen bilden.
Zucker, Salz, Zitronenschale und Kräuter dazurühren.
Eier beifügen und rühren, bis die Masse hell ist.
Mehl und Backpulver mischen, dazusieben.
Mit Milch und Rahm darunter rühren.

2 Teig in die mit Backpapier ausgelegte Form

Zitronenkräuter-Cake

füllen, glatt streichen.

3 Im unteren Teil des auf 180 °C vorgeheizten Ofens
50–60 Minuten backen, auskühlen lassen.

4 Den Cake mit Zitronenthymian garnieren.

« Den Cake nach Belieben mit Puderzucker
bestäuben. »

1 Formboden mit Backpapier belegen, Rand bebuttern.

2 Für den Teig Mehl und Salz mischen, eine Mulde formen. Ei mit Wasser und Butter verquirlen, hineingiessen. Zu einem glatten, geschmeidigen Teig kneten. Unter einer heiss ausgespülten Schüssel 30 Minuten ruhen lassen.

3 Für die Füllung Milch, Halbrahm, Bouillon und Muskatnuss aufkochen. Griess einrieseln lassen, ca. 10 Minuten zu einem dicken Brei kochen, ab und zu rühren. Butter und Appenzeller darunter mischen. Zwiebeln und Knoblauch in aufschäumender Butter andämpfen. Peperoni und Sellerie beifügen,

Pikanter Griesskuchen mit Gemüse

zugedeckt bei kleiner Hitze ca. 10 Minuten dämpfen. Würzen. ⅓ der Griessmasse mit Gemüse mischen.

4 Teig auf wenig Mehl ca. 40 × 40 cm gross auswallen, mit Butter bepinseln. In der Form auslegen. Die Hälfte der Griessmasse nature, dann Gemüse-Griessmasse und restliche Griessmasse nature einfüllen. Teigecken über die Füllung schlagen und Ränder mit Butter bepinseln, festdrücken. Kuchen mit Butter bepinseln.

5 Im unteren Teil des auf 200 °C vorgeheizten Ofens 30–35 Minuten backen.

6 Den noch heissen Kuchen in Stücke schneiden. Mit Thymian garnieren.

Für 4–6 Personen

1 Springform von 24 cm ø
**Backpapier und Butter
für die Form**

**Teig:
150 g Mehl
½ TL Salz
1 Ei
4 EL Wasser
1–2 EL Butter, flüssig,
ausgekühlt**

**Füllung:
3 dl Milch
1,5 dl Halbrahm
3 dl Bouillon
1 Msp. Muskatnuss
150 g Hartweizengriess
1½ EL Butter
100 g Appenzeller, gerieben
2 Zwiebeln, gehackt
1 Knoblauchzehe, gepresst
Butter zum Dämpfen
je 2 rote und grüne
Peperoni, entkernt,
klein gewürfelt
1–2 Stängel
Stangensellerie,
gerüstet, in kleine
Stücke geschnitten
Salz, Pfeffer**

2 EL Butter, flüssig

Thymian zum Garnieren

Für 8–10 Förmchen
von 8–9 cm ø

Butter und Mehl
für die Förmchen

1 Für den Teig Butter rühren, bis sich Spitzchen bilden.
Zucker, Vanillezucker und Salz dazurühren. Eier beifügen
und rühren, bis die Masse hell ist. Quark und Ingwer
darunter mischen. Mehl mit Backpulver mischen,
dazusieben und darunter rühren.

Teig:
75 g Butter, weich
125 g Zucker
½ Päckchen Vanillezucker
1 Prise Salz

2 Teig in die ausgebutterten und bemehlten Förmchen
verteilen. Mit einem Löffel in der Mitte tiefe Mulden
formen und den Teig am Rand bis 5 mm unter den

2 Eier
100 g Rahmquark
2 TL Ingwerwurzel,
gerieben
200 g Mehl
1 TL Backpulver

Rhabarber-Quark-Küchlein

Förmchenrand hochziehen.

3 Für die Füllung alle Zutaten mischen. In die Teig-
mulden verteilen.

4 Im unteren Teil des auf 180 °C vorgeheizten Ofens
20–30 Minuten backen, auskühlen lassen.

5 Die Küchlein kurz vor dem Servieren mit Puderzucker
bestäuben. Mit Zitronenmelisse garnieren.

Füllung:
300 g Rhabarber, gerüstet,
klein gewürfelt
75 g Gelierzucker
½ Zitrone,
abgeriebene Schale
und Saft
1 EL Butter, flüssig,
ausgekühlt

Garnitur:
Puderzucker
Zitronenmelisse

1 Für die Meringue Eiweiss mit Salz steif schlagen. Die Hälfte des Zuckers beifügen und weiter-schlagen, bis die Masse glänzt. Restlichen Zucker und Himbeerpüree oder Randensaft dazugeben, weiterschlagen, bis die Masse feinporig, glänzend und sehr steif ist.

2 Masse in einen Spritzsack mit gezackter Tülle füllen. 16–20 Meringuehäufchen auf ein mit Backpapier belegtes Blech spritzen.

Monte Rosa

3 In der Mitte des auf 100 °C vorgeheizten Ofens 3–3½ Stunden backen. Im leicht geöffneten Ofen auskühlen lassen.

4 Für die Garnitur die Hälfte der Himbeeren mit Puderzucker pürieren, durch ein Sieb streichen. Rahm mit Vanillezucker flaumig schlagen.

5 Die Meringues mit Himbeerpüree, Rahm und restlichen Himbeeren auf Tellern anrichten. Mit Puder-zucker bestäuben. Mit Zitronenmelisse garnieren.

Für 16–20 Stück

Backpapier für das Blech

Meringue:
4 Eiweiss, 140 g
1 Prise Salz
160 g Zucker
3 EL Himbeeren, verlesen, püriert, durch ein Sieb gestrichen,
oder 1–2 EL Randensaft

Garnitur:
400 g Himbeeren, verlesen
1 EL Puderzucker
2 dl Vollrahm
½ Päckchen Vanillezucker
Puderzucker
Zitronenmelisse

Apfelwähe

Für 1 Blech von 28 cm ø
Butter für das Blech
Teig:
225 g Mehl
½ TL Salz
75 g Butter, kalt,
in Stücke geschnitten
250 g Halbfettquark

Belag:
4 EL gemahlene
Haselnüsse
ca. 4 Äpfel, geschält,
in Schnitze geschnitten

Guss:
1,8 dl Vollrahm
1 dl Milch
1 Päckchen Vanillezucker
3–4 EL Zucker
2 Eier

3–4 EL Aprikosenkonfitüre,
erwärmt, durch ein Sieb
gestrichen

1 Für den Teig Mehl und Salz mischen. Butter beifügen und zu einer krümeligen Masse verreiben, eine Mulde formen. Quark hineingeben. Zu einem Teig zusammenfügen, nicht kneten. In Folie gewickelt 30 Minuten kühl stellen.

2 Teig auf wenig Mehl rund auswallen. Im bebutterten Blech auslegen, Teigboden dicht einstechen. Für den wellenförmigen Rand Teigrand mit Zeige- und Mittelfinger festhalten, mit einer Messerspitze zwischen den Fingern hinunterdrücken. 15 Minuten kühl stellen.

3 Für den Belag Teigboden mit Haselnüssen bestreuen. Äpfel rosettenförmig darauf legen.

4 Für den Guss alle Zutaten verrühren. Über die Äpfel giessen.

5 Auf der untersten Rille des auf 220 °C vorgeheizten Ofens 30–35 Minuten backen.

6 Die noch heisse Wähe mit Konfitüre bestreichen.

« Statt Vanillezucker 3–4 fein gehackte Wacholderbeeren, wenig Nelken-, Zimtpulver oder abgeriebene Zitronenschale in den Guss mischen. »

Für 12 Stück

1 Mehl, Griess und Salz mischen, mit Butter zu einer krümeligen Masse verreiben. Zucker darunter mischen, eine Mulde formen. Eigelb und Rahm verrühren, hineingiessen. Zu einem Teig zusammenfügen, nicht kneten.

2 Teig von Hand 1,5–2 cm dick in die mit Backpapier ausgelegte/n Form/en drücken.

Butterschnitten

3 In der Mitte des auf 180 °C vorgeheizten Ofens 40–45 Minuten backen, leicht auskühlen lassen.

4 Das Gebäck in 3 cm breite Schnitten schneiden. Mit Zucker und Puderzucker bestreuen.

« Restliches Eiweiss für Mandelmasse (siehe Seite 11) oder Japonais-Törtchen (siehe Seite 57) verwenden. »

1 Cakeform von 38 cm
oder 2 Formen
von ca. 20 cm Länge
Backpapier
für die Form/en

300 g Mehl
1 EL Hartweizen-
oder Maisgriess
1 Prise Salz
250 g Butter, kalt,
in Stücke geschnitten
100 g Zucker
2 Eigelb
1 EL Vollrahm

je ½ EL Zucker
und Puderzucker
zum Bestreuen

1 Für den Teig Mehl und Salz mischen, eine Mulde formen. Hefe in wenig Milch auflösen, mit restlicher Milch, Öl und Kräutern hineingeben. Zu einem geschmeidigen Teig kneten. Zugedeckt bei Raumtemperatur aufs Doppelte aufgehen lassen.

2 Für den Belag Bratcrème, Salz und Pfeffer mischen. Zucchini und Tomaten darin wenden.

3 Teig auf wenig Mehl auf die Grösse des Bleches

Zucchiniblechkuchen mit Kräutern

auswallen. Im mit Backpapier belegten Blech auslegen. Belag auf dem Teigboden verteilen, leicht andrücken. 20–30 Minuten aufgehen lassen.

4 Auf der untersten Rille des auf 240 °C vorgeheizten Ofens 15–20 Minuten backen.

5 Den noch heissen Kuchen in Stücke schneiden, auf Tellern anrichten. Hobelkäse darauf verteilen. Mit Basilikum garnieren.

Für 1 ofengrosses Blech

Backpapier für das Blech

Teig:
600 g Mehl
2 TL Salz
30 g Hefe, zerbröckelt
3,5–4 dl Milch
3 EL Rapsöl
4 EL gemischte Kräuter,
z. B. Basilikum, Petersilie,
Thymian, gehackt

Belag:
4 EL Bratcrème
1½ TL Salz
Pfeffer aus der Mühle
1 kg Zucchini, gerüstet,
schräg in 8 mm breite
Scheiben geschnitten
300 g Cherrytomaten,
halbiert

Garnitur:
100 g Hobelkäse, zerzupft
Basilikum

1 Butter rühren, bis sich Spitzchen bilden. Zucker, Vanillezucker und Salz dazurühren. Eier beifügen und rühren, bis die Masse hell ist. Rahm, Kirsch oder Milch, Zimtpulver und Haselnüsse darunter mischen. Paidol, Mehl und Backpulver mischen, dazusieben und darunter rühren. Brombeeren sorgfältig darunter heben.

2 Teig in die ausgebutterte Form füllen.

Brombeer-Zimt-Cake

3 Auf der untersten Rille des auf 180 °C vorgeheizten Ofens 65–70 Minuten backen, auskühlen lassen.

4 Den Cake mit Puderzucker bestäuben.

« Paidol ist feiner Weizengriess und lässt das Gebäck besser aufgehen. Er ist in Drogerien, Reformhäusern und z. T. bei Grossverteilern erhältlich. **»**

Für 1 Cakeform
von 28 cm Länge

Butter für die Form

125 g **Butter, weich**
200 g **Zucker**
1 **Päckchen Vanillezucker**
1 **Prise Salz**
3 **Eier**
1,5 dl **Vollrahm**
0,5 dl **Kirsch oder Milch**
2 TL **Zimtpulver**
150 g **gemahlene Haselnüsse**
100 g **Paidol**
175 g **Mehl**
1½ TL **Backpulver**
250 g **Brombeeren**

Puderzucker
zum Bestäuben

1 Für den Teig Mehl und Salz mischen, eine Mulde formen. Ei mit Wasser und Öl verquirlen, hineingiessen. Zu einem glatten, geschmeidigen Teig kneten. Unter einer heiss ausgespülten Schüssel 30 Minuten ruhen lassen.

2 Für die Füllung Pouletbrüstchen portionenweise in heisser Bratbutter beidseitig sehr kurz anbraten, herausnehmen und würzen. Zwiebeln und Knoblauch in verbliebener Bratbutter andämpfen. Kräuter beifügen und halb zugedeckt bei kleiner Hitze ca. 10 Minuten dämpfen, auskühlen lassen.

3 Teig vierteln und auf wenig Mehl je rechteckig, möglichst dünn auswallen. Auf ein Tuch legen, mit Butter bepinseln. Poulet und Zwiebelmasse auf einer Hälfte der Teigstücke verteilen, ca. 3 cm Rand frei lassen. Teigränder einschlagen, mit Hilfe des Tuches locker

Pouletstrudel mit Lavendel und Knoblauchrahm

aufrollen. Mit der Abschlusskante nach unten auf ein mit Backpapier belegtes Blech legen, mit Butter bepinseln.

4 Für den Knoblauchrahm Knoblauch mit Bratbutter oder Bratcrème mischen. Neben die Strudel legen.

5 In der Mitte des auf 200 °C vorgeheizten Ofens 20–25 Minuten backen. Knoblauch nach 10–15 Minuten herausnehmen und mit Wein pürieren, absieben. Bouillon dazugiessen, aufkochen und zur Hälfte einkochen. Saucenrahm beifügen und aufkochen, würzen.

6 Die noch heissen Strudel in 3–4 cm breite Stücke schneiden, mit dem Knoblauchrahm auf Tellern anrichten. Mit Lavendel garnieren.

« Getrockneter Lavendel ist in Drogerien und Apotheken erhältlich. »

Für 4 Personen

Backpapier für das Blech

Teig:
150 g Mehl
½ TL Salz
1 Ei
4 EL Wasser
1 EL Rapsöl

Füllung:
800 g Pouletbrüstchen, längs halbiert
Bratbutter oder Bratcrème
1 TL Salz
Pfeffer aus der Mühle
2–3 Zwiebeln, in feine Streifen geschnitten
1 Knoblauchzehe, fein gehackt
½ EL frische oder getrocknete Lavendelblüten
½ EL Rosmarinnadeln, gehackt
½ EL Thymianblättchen
½–1 EL Oreganoblättchen, gehackt

ca. 50 g Butter, flüssig

Knoblauchrahm:
6 Knoblauchzehen, geschält
½ EL Bratbutter, flüssig, oder Bratcrème
1 dl Weisswein
1 dl Hühnerbouillon
1,8 dl Saucenrahm
Salz, Pfeffer

Lavendel zum Garnieren

**Für 1 Springform
von 24 cm ø**

Backpapier für die Form

Teig:
5 Eigelb
175 g Zucker
1 Prise Salz
1 EL heisses Wasser
**1 Zitrone,
abgeriebene Schale**
**300 g Rüebli, gerüstet,
an der Bircherraffel
gerieben**
**150 g gemahlene
Haselnüsse**
75 g Mehl
1 TL Backpulver
**5 Eiweiss,
steif geschlagen**

Mokka-Buttercrème:
100 g Butter, weich
**1 EL sofortlösliches
Kaffeepulver**
1 TL heisses Wasser
50 g Puderzucker
1 Eigelb

**4 EL Aprikosenkonfitüre,
erwärmt, durch ein Sieb
gestrichen**

Glasur:
300 g Puderzucker
2 EL Zitronensaft
1–2 EL Wasser

Garnitur:
gemahlene Haselnüsse
Marzipanrüebli

1 Für den Teig Eigelb, Zucker, Salz, Wasser und Zitronenschale verrühren, bis die Masse hell ist. Rüebli
darunter rühren. Haselnüsse, Mehl und Backpulver
mischen, mit Eischnee sorgfältig darunter ziehen.

2 Teig in die mit Backpapier belegte Form füllen.

3 Im unteren Teil des auf 180 °C vorgeheizten Ofens
45–55 Minuten backen, auskühlen lassen.

4 Für die Buttercrème Butter rühren, bis sich Spitzchen
bilden. Kaffeepulver in Wasser anrühren, mit Puderzucker und Eigelb zur Butter geben, rühren, bis die Masse
hell ist.

Rüeblitorte mit Mokka-Buttercrème

5 Biskuit waagrecht halbieren. Boden mit Buttercrème
bestreichen. Deckel darauf legen und Oberfläche
mit Konfitüre bestreichen, 30 Minuten antrocknen lassen.

6 Für die Glasur Puderzucker, Zitronensaft und
Wasser zu einer dickflüssigen Konsistenz verrühren.
Kuchen glasieren.

7 Tortenrand sofort mit Haselnüssen garnieren,
antrocknen lassen. Die Torte mit Marzipanrüebli belegen.

« Statt Haselnüsse Mandeln verwenden. Den Kuchen
nur mit Puderzucker bestäuben und mit Marzipanrüebli
garnieren. »

1 Mehl, Salz und Sbrinz mischen, eine Mulde formen.
Ei, Butter und Wein verrühren, hineingiessen.
Zu einem Teig zusammenfügen, nicht kneten.

2 Löffelgrosse Teighäufchen auf ein mit Backpapier
belegtes Blech geben, flach drücken.

Sbrinzhäufchen

Sbrinz darüber streuen.

3 In der Mitte des auf 200 °C vorgeheizten Ofens
10–15 Minuten backen.

4 Die Sbrinzhäufchen lauwarm oder kalt servieren.

Für 40 Stück

Backpapier für das Blech

150 g Mehl
½ TL Salz
75 g Sbrinz, gerieben
1 Ei
50 g Butter, flüssig,
ausgekühlt
0,5 dl Weisswein oder
alkoholfreier Apfelwein
25 g Sbrinz, gerieben

1 Für den Butterblätterteig Mehl und Salz mischen.
Butter beifügen und zu einer krümeligen Masse
verreiben, eine Mulde formen. Essig und Wasser
hineingiessen. Zu einem Teig zusammenfügen,
nicht kneten. In Folie gewickelt 30 Minuten kühl stellen.

2 Teig auf wenig Mehl 30 × 20 cm gross auswallen,
Mehl von der Teigoberfläche wegpinseln.
Eine Teighälfte mit Butter belegen, andere Hälfte
darüber schlagen und mit dem Wallholz festdrücken.
Zugedeckt 30 Minuten kühl stellen. Dann dem Teig
abwechslungsweise 3 einfache und 3 doppelte
Touren geben.

3 Einfache Tour: Teig 40 × 20 cm gross auswallen,
Mehl von der Teigoberfläche wegpinseln.
Schmalseiten über die Mitte einschlagen, so dass
3 Teigschichten entstehen. Zugedeckt 20 Minuten
kühl stellen.

4 Doppelte Tour: Teig 40 × 20 cm gross auswallen,
Mehl von der Teigoberfläche wegpinseln.
Schmalseiten bis zur Mitte einschlagen, so dass sich

Kaffee-Nuss-Gipfeli

die Kanten berühren. Teig in der Mitte falten, so dass
4 Teigschichten entstehen. Zugedeckt 20 Minuten
kühl stellen.

5 Butterblätterteig vierteln und auf wenig
Mehl 4 Kreise (25 cm ø) auswallen, zuschneiden.
Je in 6 Dreiecke schneiden, kühl stellen.

6 Für die Füllung alle Zutaten mischen.

7 Je 1–2 TL Füllung auf die Teigdreiecke geben.
Teigränder mit wenig Rahm bepinseln. Zur Spitze hin
aufrollen, zu Gipfeli formen. Mit der Spitze nach
unten auf ein mit Backpapier belegtes Blech legen,
mit Rahm bepinseln.

8 In der Mitte des auf 220 °C vorgeheizten Ofens
20–25 Minuten backen.

9 Für die Glasur Puderzucker und Espresso zu einer
dickflüssigen Konsistenz verrühren. Die noch heissen
Gipfeli glasieren. Mit Haselnüssen bestreuen.

« Statt selbst gemachten gekauften Butterblätterteig
verwenden. **»**

Für 24 Stück

Backpapier für das Blech

Butterblätterteig, ca. 500 g:
250 g Mehl
½ TL Salz
100 g Butter, kalt,
in Stücke geschnitten
1 TL Essig
ca. 1 dl Wasser
100 g Butter, kalt,
in feine Scheiben
geschnitten

Füllung:
125 g gemahlene
Haselnüsse
1 EL Kaffeepulver,
frisch gemahlen
50 g Zucker
1 dl Vollrahm

Vollrahm zum Bepinseln

Glasur:
100 g Puderzucker
2 EL Espresso

grob gehackte Haselnüsse
zum Bestreuen

1 Förmchenboden mit Backpapier belegen, Rand bebuttern und bemehlen, kühl stellen.

2 Für den Teig Eiweiss mit Salz steif schlagen. Zucker und Backpulver beifügen, weiterschlagen, bis die Masse glänzt. Haselnüsse und Mehl mischen, sorgfältig darunter ziehen.

3 Teig in die Förmchen verteilen.

4 Im unteren Teil des auf 160 °C vorgeheizten Ofens 20 Minuten backen. Ofentemperatur auf 130 °C

Japonais-Törtchen
mit Rotwein-Rhabarber

reduzieren, 1 Stunde fertig backen.

5 Für den Rhabarber alle Zutaten bis und mit Zucker aufkochen, auf 1 dl einkochen. Absieben und in die Pfanne zurückgeben. Rhabarber beifügen und knapp unter dem Siedepunkt 5–7 Minuten garen, auskühlen lassen.

6 Die Törtchen aus den Förmchen lösen, mit dem Rhabarber auf Tellern anrichten. Sauren Halbrahm darüber träufeln. Mit Zitronenmelisse garnieren. Mit Puderzucker bestäuben.

**Für 8 Blechförmchen
von 7–8 cm ø, glatter Rand**

Backpapier, Butter und
Mehl für die Förmchen

Teig:
3 Eiweiss, 90 g
1 Prise Salz
170 g Zucker
½ TL Backpulver
125 g gemahlene
Haselnüsse
1½ EL Mehl

Rotwein-Rhabarber:
2 dl Rotwein
1 Stück Zitronenschale
1 EL Zitronensaft
1 TL Ingwerwurzel,
fein gehackt
2 EL Zucker
300 g Rhabarber, gerüstet,
in 3 cm lange Stängelchen
geschnitten

Garnitur:
180 g saurer Halbrahm,
aufgerührt
Zitronenmelisse
Puderzucker

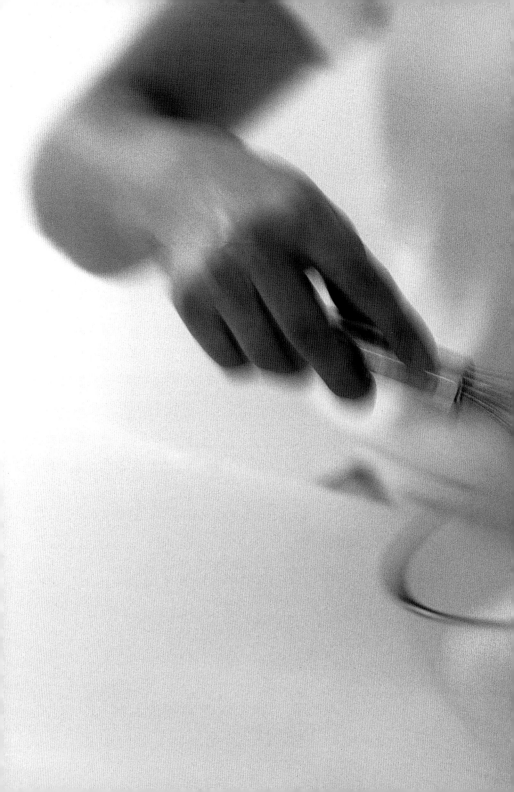

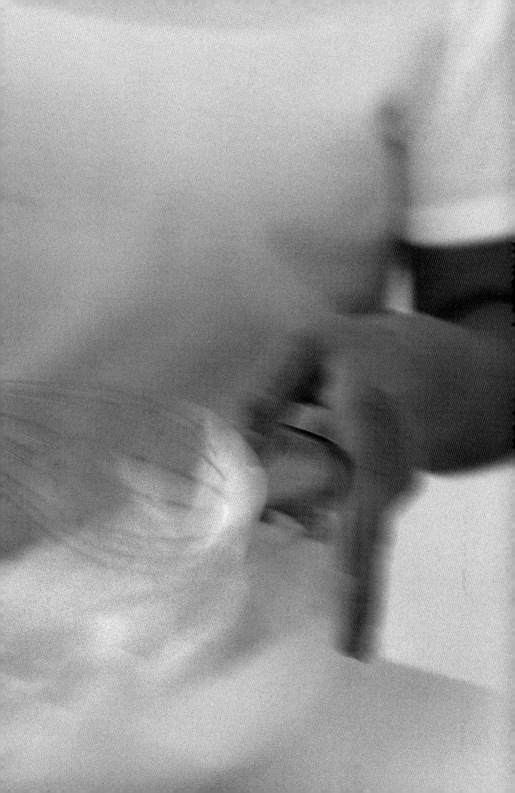

Kartoffel-Rohschinken-Tarte

Für 1 Blech von 28 cm ø

Backpapier für das Blech

Teig:
250 g Mehl
¾ TL Salz
90 g Butter, flüssig, ausgekühlt
1 Ei, verquirlt
15 g Hefe, zerbröckelt
2 dl Milch
75 g Appenzeller, gerieben

Belag:
500–600 g kleine Frühkartoffeln,
in der Schale gekocht, ausgekühlt
16–20 grosse Tranchen Rohschinken
2 reife Birnen, geschält, in Schnitze geschnitten
schwarzer Pfeffer, grob gemahlen

glattblättrige Petersilie zum Garnieren

1 Für den Teig Mehl und Salz mischen, eine Mulde formen. Restliche Zutaten hineingeben. Zu einem Teig verrühren und klopfen, bis er glatt ist und Blasen wirft. Zugedeckt bei Raumtemperatur aufs Doppelte aufgehen lassen.

2 Teig auf dem mit Backpapier belegten Blech verteilen.

3 Für den Belag Kartoffeln je in 1 Tranche Rohschinken einwickeln. Mit Birnen auf dem Teigboden verteilen, pfeffern. 20–30 Minuten aufgehen lassen.

4 Im unteren Teil des auf 220 °C vorgeheizten Ofens 25 Minuten backen.

5 Die noch heisse Tarte in Stücke schneiden. Mit Petersilie garnieren.

« Dazu passt Salat. »

Zuccotto

Für 8–12 Personen

1 Springform von 24 cm ø
1 tiefe Schüssel
von 1,5 l Inhalt
Backpapier für die Form
und die Schüssel

Teig:
3 Eiweiss
1 Prise Salz
75 g Puderzucker
4 Eigelb
75 g gemahlene
Haselnüsse
50 g Mehl
50 g Butter, flüssig,
ausgekühlt

Füllung:
250 g Vollfettquark
250 g Mascarpone
50 g Puderzucker
einige Tropfen
Bittermandelaroma
je 50 g Haselnüsse und
Mandeln, gehackt,
geröstet (siehe Seite 13),
ausgekühlt
100 g Milchschokolade,
gewürfelt
1 dl Vollrahm,
steif geschlagen

3 EL Aprikosenkonfitüre,
erwärmt, durch ein Sieb
gestrichen
ca. 300 g Marzipan
(siehe Seite 11), weich
Puderzucker
zum Auswallen

Garnitur:
1 Beutel dunkle
Kuchenglasur,
geschmolzen
(siehe Seite 13)
geschälte Mandeln
Silbermandeln
Haselnüsse

1 Für den Teig Eiweiss mit Salz steif schlagen. Puderzucker beifügen und weiterschlagen, bis die Masse glänzt. Eigelb kurz dazurühren. Haselnüsse und Mehl mischen, mit Butter sorgfältig darunter ziehen.

2 Teig in die mit Backpapier belegte Form füllen, glatt streichen.

3 In der Mitte des auf 180 °C vorgeheizten Ofens 20–25 Minuten backen, auskühlen lassen.

4 Für die Füllung Quark und Mascarpone verrühren. Puderzucker, Bittermandelaroma, Haselnüsse, Mandeln und Schokolade darunter mischen. Rahm sorgfältig darunter ziehen.

5 Schüssel mit Backpapierstreifen auslegen. Biskuit waagrecht halbieren. 1 Biskuit auf den ø der Schüssel zuschneiden. Zweites Biskuit 1-mal vom Rand bis zur Mitte einschneiden und in der Schüssel auslegen, dabei Schnittstellen übereinander legen. Füllung hineingeben, glatt streichen. Rundes Biskuit darauf legen. Zugedeckt mindestens 4 Stunden kühl stellen.

6 Zuccotto mit Hilfe der Backpapierstreifen auf eine Platte stürzen. Mit Konfitüre bestreichen. Marzipan auf Puderzucker rund, 2–3 mm dick auswallen und über den Zuccotto legen, unten leicht andrücken. Marzipanrand auf 2–3 cm zurückschneiden, wellig formen.

7 Für die Garnitur Glasur netzartig über den Zuccotto spritzen. Ca. 2 EL Glasur warm stellen. Aus restlicher Glasur Schokoladelocken machen (siehe Seite 14). Schokoladelocken, Mandeln und Haselnüsse mit flüssiger Glasur auf dem Zuccotto ankleben.

64

Für 1 Ringform von 1 l Inhalt

Butter und Mehl
für die Form
Backpapier für das Blech

Teig:
4 Eier
120 g Zucker
1 Prise Salz
1 EL warmes Wasser
½ Zitrone,
abgeriebene Schale
140 g Mehl
100 g Butter, flüssig,
ausgekühlt

Pralin:
2 EL Wasser
40 g Zucker
40 g ganze Haselnüsse

Füllung:
1,5 dl Milch
1 dl Vollrahm
1 Vanillestängel,
ausgeschabtes Mark
und Stängel
2 Eigelb
1 Ei
125 g Zucker
½ Päckchen Vanillezucker
2 TL Maisstärke
2 Blatt Gelatine,
in kaltem Wasser
eingeweicht
0,5 dl Vollrahm,
steif geschlagen

100 g Aprikosenkonfitüre,
erwärmt, durch ein Sieb
gestrichen
4 Haselnüsse
zum Garnieren

1 Für den Teig Eier mit Zucker, Salz und Wasser in einer Schüssel im warmen Wasserbad zu einer schaumigen, dickflüssigen Masse schlagen. Schüssel in kaltes Wasser stellen und rühren, bis die Masse kalt ist. Zitronenschale beifügen und Mehl in 2 Portionen dazusieben, sorgfältig, rasch darunter ziehen. Butter sorgfältig darunter ziehen.

2 Teig in die ausgebutterte und bemehlte Form füllen.

3 Im unteren Teil des auf 180 °C vorgeheizten Ofens 25–30 Minuten backen.

4 Für das Pralin Wasser mit Zucker aufkochen und köcheln, bis ein hellbraunes Caramel entsteht. Haselnüsse beifügen, glasieren. Sofort auf ein mit Backpapier belegtes Blech geben, auskühlen lassen. Im Cutter fein mahlen. 1 EL für die Garnitur beiseite stellen.

5 Für die Füllung Milch, Rahm, Vanillemark

Pralinwelle

und -stängel aufkochen, Vanillestängel entfernen. Eigelb, Ei, Zucker, Vanillezucker und Maisstärke zu einer hellen, schaumigen Masse schlagen. Vanillemilch unter Rühren dazugiessen. In die Pfanne zurückgeben und unter Rühren bis kurz vors Kochen bringen, von der Platte nehmen. Gut ausgepresste Gelatine beifügen und rühren, bis sie aufgelöst ist. Im Kühlschrank leicht ansulzen lassen. Pralin und Rahm sorgfältig darunter ziehen. 1–2 Stunden kühl stellen.

6 Biskuit mit Konfitüre bestreichen. Waagrecht halbieren, Boden mit Konfitüre bestreichen. Füllung in einen Spritzsack mit gezackter Tülle füllen. Bis auf ca. 2 EL auf den Biskuitboden spritzen. Deckel darauf legen. 1–2 Stunden kühl stellen.

7 Biskuitring vierteln und auf einer langen Cakeplatte wellenartig zusammenfügen. Mit restlicher Füllung Rosetten auf die Welle spritzen. Mit Pralin und Haselnüssen garnieren.

1 Formboden mit Backpapier belegen, Rand bebuttern.

2 Für den Belag Butter und Honig verrühren, auf dem Formboden verteilen. Koriander darüber streuen. Pflaumen darauf legen.

3 Für den Teig Butter rühren, bis sich Spitzchen bilden. Zucker, Vanillezucker und Salz dazurühren. Eier beifügen und rühren, bis die Masse hell ist. Mehl mit Backpulver mischen, dazusieben und darunter rühren. Teig über die Pflaumen verteilen.

Verkehrter Pflaumenkuchen mit Koriander

4 Im unteren Teil des auf 180 °C vorgeheizten Ofens 30−35 Minuten backen. Auskühlen lassen, stürzen.

5 Den Kuchen in Stücke schneiden. Mit Pflaumen garnieren. Mit Puderzucker bestäuben.

« Flaumig geschlagenen Rahm dazu servieren. Koriandersamen sind in Drogerien, Reformhäusern und z. T. bei Grossverteilern erhältlich. Korianderpulver gibts bei Grossverteilern. **»**

Für 1 Springform von 24 cm ø

Backpapier und Butter für die Form

Belag:
1½ EL Butter, flüssig
2 EL Honig, flüssig
1 EL Koriandersamen, gequetscht, oder
1−2 TL Korianderpulver
ca. 400 g Pflaumen, in Schnitze geschnitten

Teig:
100 g Butter, weich
100 g Zucker
1 Päckchen Vanillezucker
1 Prise Salz
2 Eier
100 g Mehl
¼ TL Backpulver

Garnitur:
Pflaumen, in Schnitze geschnitten
Puderzucker

1 Für den Teig Mehl, Maisstärke und Salz mischen, eine Mulde formen. Ei und Butter hineingeben. Zu einem glatten, geschmeidigen Teig kneten. Unter einer heiss ausgespülten Schüssel 30 Minuten ruhen lassen.

2 Für die Füllung Mandelmasse auf Puderzucker rechteckig, 2 mm dick auswallen. In 16 Quadrate (ca. 7×7 cm) schneiden. Je 1 Erdbeere darin einwickeln.

3 Teig auf Mehl rechteckig, dünn auswallen und von Hand sehr dünn ausziehen. In 16 Quadrate (ca. 12×12 cm) schneiden, mit Butter bepinseln.

Erdbeer-Bonbons

Je 1 Mandel-Erdbeere darin einwickeln, Teigenden wie bei Bonbons zudrehen. Auf ein mit Backpapier belegtes Blech legen, mit Butter bepinseln.

4 In der Mitte des auf 220 °C vorgeheizten Ofens 10–15 Minuten backen. Nach 5 Minuten Backzeit mit restlicher Butter bepinseln.

5 Die Bonbons mit Puderzucker bestäuben. Sofort servieren.

« Dazu passen Vanillecrème, Doppelrahm oder Vanilleglace und marinierte Erdbeeren. »

Für 16 Stück

Backpapier für das Blech

Teig:
75 g Mehl
25 g Maisstärke
1 Prise Salz
1 Ei, verquirlt
25 g Butter, flüssig, ausgekühlt

Füllung:
350 g Mandelmasse (siehe Seite 11), weich
Puderzucker zum Auswallen
16 Erdbeeren, ca. 400 g, gerüstet

100 g Butter, flüssig, ausgekühlt

Puderzucker zum Bestäuben

71

1 Für den Belag Wasser und Zitronensaft aufkochen. Chicorée beifügen und zugedeckt 3–4 Minuten blanchieren, herausnehmen. Strunk keilförmig herausschneiden. Crème fraîche, Maisstärke und die Hälfte der Baumnüsse mischen, würzen.

2 Butterblätterteig auf wenig Mehl ca. 42×30 cm gross auswallen. Auf ein mit Backpapier belegtes Blech legen. In 3 gleich breite Streifen schneiden, rundum

Chicorée-Jalousien

mit einem spitzigen Messer einen 1 cm breiten Rand einritzen. Crème fraîche in der Mitte ausstreichen. Chicorée darauf verteilen, mit Butter bepinseln und salzen. Restliche Baumnüsse darüber streuen. Teigränder mit Eigelb bepinseln.

3 In der Mitte des auf 220 °C vorgeheizten Ofens 15–20 Minuten backen.

4 Die Jalousien mit Hobelkäse bestreuen und in Stücke schneiden.

Für 4 Personen

Backpapier für das Blech

500 g Butterblätterteig, selbst gemacht (siehe Seite 55) oder gekauft

Belag:
5 dl Wasser
½ Zitrone, Saft
600–800 g kleinere Chicorées, gerüstet, längs halbiert
180 g Crème fraîche
1 TL Maisstärke
2 EL Baumnüsse, gehackt
¼ TL Salz
Pfeffer aus der Mühle
1–2 EL Butter, flüssig

1 Eigelb mit
1 TL Milch verquirlt

3–4 Hobelkäseröllchen, zerzupft

Für 1 Cakeform
von 28 cm Länge

1 Butter rühren, bis sich Spitzchen bilden.
Zucker und Salz dazurühren. Eier beifügen und rühren,
bis die Masse hell ist. Mehl und Backpulver mischen,
dazusieben. Mit Schokolade und Haselnüssen
darunter rühren.

Schokolade-Nuss-Cake

2 Teig in die mit Backpapier ausgelegte Form füllen,
glatt streichen.

3 Im unteren Teil des auf 180 °C vorgeheizten Ofens
50–60 Minuten backen, auskühlen lassen.

4 Den Cake mit Puderzucker bestäuben.

Backpapier für die Form

200 g Butter, weich
150 g Zucker
1 Prise Salz
4 Eier
200 g Mehl
1 TL Backpulver
**75 g Milchschokolade,
gehackt**
**75 g dunkle Schokolade,
gehackt**
**100 g Haselnüsse,
gehackt**

**Puderzucker
zum Bestäuben**

Für 4 Portionenbleche
von ca. 15 cm ø

Bratbutter oder Bratcrème
für die Bleche

Teig:
200 g Mehl, z. B. Zopfmehl
50 g gemahlene
Haselnüsse
¼ TL Salz
50 g Rohzucker
10 g Hefe, zerbröckelt
ca. 1 dl Milch
50 g Butter, flüssig,
ausgekühlt

Belag:
125 g Mascarpone
ca. 300 g gemischte Beeren,
z. B. Brom-, Erd-, Him-,
Johannis-, Heidelbeeren
150 g Mozzarella,
grob geraffelt
50 g Rohzucker
½ TL Zimtpulver

1 Für den Teig Mehl, Haselnüsse, Salz und Zucker mischen, eine Mulde formen. Hefe in wenig Milch auflösen, mit restlicher Milch und Butter hineingiessen. Zu einem geschmeidigen Teig kneten. Zugedeckt bei Raumtemperatur aufs Doppelte aufgehen lassen.

2 Teig vierteln und je auf die Grösse der Bleche auswallen, Rand etwas dicker lassen. Auf die bebutterten Bleche legen. Auf der untersten Rille des auf 220 °C vorgeheizten Ofens 10 Minuten vorbacken.

Beerenpizzas

3 Für den Belag Mascarpone auf die Teigböden streichen, rundum ca. 2 cm Rand frei lassen. Erdbeeren halbieren, mit restlichen Beeren darauf geben. Mozzarella darüber verteilen. Zucker und Zimtpulver mischen, darüber streuen.

4 Auf der untersten Rille des auf 220 °C vorgeheizten Ofens 10–15 Minuten fertig backen. Heiss oder lauwarm servieren.

« Statt 4 kleine 1 grosse Pizza auf einem mit Backpapier belegten ofengrossen Blech oder einer bebutterten Pizzabackplatte backen. **»**

Für 15–20 Personen

Backpapier für das Blech

1 Butterblätterteig auf Backpapier 35 × 30 cm gross auswallen, Teigrand mit einem scharfen Messer gerade zuschneiden. Auf ein Blech ziehen, 10–15 Minuten kühl stellen. Teig dicht einstechen, mit einem Messer 42 Quadrate (5 × 5 cm) einritzen. Teig mit Backpapier belegen und mit einem Blech beschweren.

500 g Butterblätterteig, selbst gemacht (siehe Seite 55) oder gekauft
1 Eiweiss, leicht verquirlt

2 In der Mitte des auf 220 °C vorgeheizten Ofens 8 Minuten backen. Blech und Backpapier entfernen. Teig mit Eiweiss bepinseln, 3–5 Minuten fertig backen. Auskühlen lassen und auf ein grosses Brett oder eine grosse Platte legen.

Gingerbread-Crème:
50 g Honig
100 g Melasse
3 EL Wasser
1 EL Kakaopulver
je 1 TL Ingwer- und Zimtpulver
je ½ TL Muskatnuss, Gewürznelken- und Kardamompulver
3 Blatt Gelatine, in kaltem Wasser eingeweicht
250 g Ricotta
2 dl Vollrahm, steif geschlagen

Kügelitorte

3 Für die Gingerbread-Crème Honig, Melasse, Wasser, Kakaopulver und Gewürze erwärmen. Gut ausgepresste Gelatine beifügen und rühren, bis sie aufgelöst ist. Ricotta dazurühren. Im Kühlschrank leicht ansulzen lassen. Rahm darunter ziehen. 3–4 Stunden kühl stellen.

4 Für die Traubencrème Traubensaft, Zitronenschale und -saft auf 1 dl einkochen. Gut ausgepresste Gelatine beifügen und rühren, bis sie aufgelöst ist. Ricotta und Zucker darunter rühren. Im Kühlschrank leicht ansulzen lassen. Rahm darunter ziehen. 3–4 Stunden kühl stellen.

Traubencrème:
5 dl weisser Traubensaft
1 Stück Zitronenschale
3 EL Zitronensaft
3 Blatt Gelatine, in kaltem Wasser eingeweicht
250 g Ricotta
75 g Zucker
2 dl Vollrahm, steif geschlagen

5 Aus den Crèmes mit einem Glaceausstecher Kugeln formen, auf die Blätterteigquadrate verteilen. Mit Zimtspänen und Trauben garnieren.

Garnitur:
Zimtspäne
weisse Trauben, halbiert

Diplomattorte

Für 1 Springform
von 24 cm ø

Backpapier für die Form

1 Für den Teig Eiweiss mit Salz steif schlagen. Zucker und Vanillezucker beifügen, weiterschlagen, bis die Masse glänzt. Eigelb kurz dazurühren. Mehl dazusieben, sorgfältig, rasch darunter ziehen.

2 Die Hälfte des Teiges in die mit Backpapier belegte Form füllen. Restlichen Teig in einen Spritzsack mit gezackter Tülle füllen. Rosetten auf den Teig spritzen.

3 Im unteren Teil des auf 180 °C vorgeheizten Ofens 25–30 Minuten backen. Auf einem Kuchengitter auskühlen lassen und in Folie gewickelt 12–24 Stunden ruhen lassen.

4 Für die Füllung Milch, Rahm, Vanillemark und -stängel aufkochen, Vanillestängel entfernen. Eigelb mit Zucker, Vanillezucker und Maisstärke zu einer hellen, schaumigen Masse schlagen. Vanillemilch unter Rühren dazugiessen. In die Pfanne zurückgeben und unter Rühren bis kurz vors Kochen bringen, von der Platte nehmen. Gut ausgepresste Gelatine beifügen und rühren, bis sie aufgelöst ist. Quark und Rum oder Rumaroma darunter mischen. Kühl stellen, bis die Crème am Rand leicht fest ist. Früchte darunter mischen. Im Kühlschrank leicht ansulzen lassen.

5 Für die Tränkflüssigkeit Wasser mit Zucker aufkochen. Rum oder Rumaroma dazugiessen.

6 Biskuit waagrecht halbieren. Boden mit Tränkflüssigkeit beträufeln. Füllung darauf streichen. Deckel darauf legen. Mindestens 2 Stunden kühl stellen.

7 Tortenrand mit Rahm bestreichen. Mit kandierten Früchten bestreuen, leicht andrücken. Die Torte mit Puderzucker bestäuben.

Teig:
5 Eiweiss
1 Msp. Salz
125 g Zucker
1 Päckchen Vanillezucker
5 Eigelb
125 g Mehl

Füllung:
1,5 dl Milch
1 dl Vollrahm
1 Vanillestängel,
ausgeschabtes Mark
und Stängel
4 Eigelb
90 g Zucker
1 Päckchen Vanillezucker
1½ EL Maisstärke
4 Blatt Gelatine,
in kaltem Wasser
eingeweicht
150 g Rahmquark
1–2 EL Rum oder
einige Tropfen Rumaroma
40 g Dörraprikosen,
klein gewürfelt
40 g gemischte kandierte
Früchte

Tränkflüssigkeit:
1 dl Wasser
2 EL Zucker
½–1 EL Rum oder
einige Tropfen Rumaroma

Garnitur:
2 dl Vollrahm,
steif geschlagen
100 g gemischte kandierte
Früchte, fein gehackt
Puderzucker

1 Butterblätterteig dritteln und auf wenig Mehl 3 Kreise (26 cm ø) auswallen, zuschneiden. Auf mit Backpapier belegte Bleche legen, 10–15 Minuten kühl stellen. Teigkreise dicht einstechen, mit Backpapier belegen und mit einem Blech beschweren.

2 Nacheinander in der Mitte des auf 220 °C vorgeheizten Ofens oder zusammen im auf 200 °C vorgeheizten Heiss-/Umluftofen 12 Minuten backen. Blech und Backpapier entfernen, 3–5 Minuten fertig backen. Blätterteigkreise auskühlen lassen und mit einem scharfen Messer je in 8–12 Stücke schneiden.

3 Für die Füllung Quitten waschen, mit einem Tuch abreiben, schälen, entkernen und Fruchtfleisch in Stücke schneiden. Wein oder Apfelsaft, Teebeutel, Apfel- oder Birnendicksaft, Zitronensaft und Vanillestängel aufkochen, 5 Minuten ziehen lassen. Teebeutel

Quitten-Rahm-Torte

und Vanillestängel entfernen. Quitten beifügen und zugedeckt weich kochen, mit der Flüssigkeit pürieren (ergibt ca. 600 g Mus). Gut ausgepresste Gelatine dazugeben und rühren, bis sie aufgelöst ist. Im Kühlschrank ansulzen lassen. Quittenmasse durchrühren. Rahm sorgfältig darunter ziehen.

4 Quittenmasse in einen Spritzsack mit gezackter Tülle füllen. Auf ⅔ der Blätterteigstücke spritzen. Je 2 bespritzte Stücke aufeinander legen. Restliche Blätterteigstücke darauf legen.

5 Tortenstücke auf einer Platte rund zusammenfügen. Die Torte vor dem Servieren 30 Minuten kühl stellen.

« Die Torte am selben Tag essen, da der Blätterteig weich wird. Nach Belieben mit Puderzucker bestäuben. Statt Quitten Äpfel oder Birnen verwenden. **»**

Für 8–12 Personen

Backpapier für die Bleche

700 g Butterblätterteig, selbst gemacht (siehe Seite 55) oder gekauft

Füllung:
ca. 600 g Quitten
1 dl Weisswein oder Apfelsaft
3 Beutel Hagebuttentee
100 g Apfeldicksaft oder Birnendicksaft
1 EL Zitronensaft
1 Vanillestängel, aufgeschlitzt
6 Blatt Gelatine, in kaltem Wasser eingeweicht
2,5 dl Vollrahm, steif geschlagen

Für 1 Gugelhupfform
von 1,25 l Inhalt

1 Für den Vorteig Mehl in eine Schüssel geben, eine Mulde formen. Hefe in wenig Milch auflösen, mit restlicher Milch und Zucker hineingeben. Mit wenig Mehl vom Rand bestäuben. Ruhen lassen, bis der Brei schäumt.

2 Für den Teig restliche Zutaten zum Vorteig geben. Zu einem Teig verrühren und klopfen, bis er glatt ist. Zugedeckt bei Raumtemperatur aufs Doppelte aufgehen lassen.

3 Teig in die ausgebutterte und bemehlte Form füllen. Bis 1 cm unter den Rand aufgehen lassen.

4 Im unteren Teil des auf 200 °C vorgeheizten Ofens

Brioche-Gugelhupf
mit Orangenblütentee getränkt

30−35 Minuten backen. Leicht auskühlen lassen, auf ein Kuchengitter stürzen. Form reinigen.

5 Für die Tränkflüssigkeit Wasser mit Zucker aufkochen. Orangenblüten oder Teebeutel beifügen und 30 Minuten ziehen lassen, absieben. Die Hälfte in die Form giessen. Gugelhupf hineinlegen, mit einer Stricknadel einstechen. Restliche Flüssigkeit darüber träufeln. Auskühlen lassen, stürzen.

6 Den Gugelhupf mit Konfitüre bestreichen. Mit kandierten Orangenscheiben garnieren.

« Kandierte Orangenscheiben sind in Reformhäusern und Spezialitätengeschäften erhältlich. »

Butter und Mehl
für die Form

Vorteig:
300 g Mehl
30 g Hefe, zerbröckelt
1 dl Milch
40 g Zucker

Teig:
½ TL Salz
50 g Zucker
1 Ei
1 Eigelb
100 g Butter, flüssig, ausgekühlt
2 EL Rum oder einige Tropfen Rumaroma
½ Zitrone, abgeriebene Schale

Tränkflüssigkeit:
2,5 dl Wasser
50 g Zucker
5 TL Orangenblüten oder 5 Beutel Orangenblütentee

4 EL Aprikosenkonfitüre, erwärmt, durch ein Sieb gestrichen

Garnitur:
2−3 kandierte Orangenscheiben, halbiert

1 Für den Teig Mehl, Haselnüsse, Zucker und Salz mischen, eine Mulde formen. Hefe in wenig Milch auflösen, mit restlicher Milch, Doppelrahm und Zitronenschale hineingeben. Zu einem glatten, geschmeidigen Teig kneten. Zugedeckt bei Raumtemperatur aufs Doppelte aufgehen lassen.

2 Für die Füllung Äpfel, Birnendicksaft, Zitronenschale, -saft und Haselnüsse mischen. Johannisbeeren sorgfältig darunter ziehen.

3 Teig auf wenig Mehl ca. 80 × 30 cm gross auswallen. Füllung darauf verteilen, rundum 3 cm Rand frei lassen. Längs aufrollen und eine Schnecke mit 5 cm Abstand zwischen den Strängen formen. Backpapier darunter ziehen, auf ein Blech ziehen.

Apfel-Johannisbeer-Schnecke

Mit einer Schere Zacken im Abstand von 6–7 cm in die Schnecke schneiden, so dass die Füllung sichtbar wird. 20–30 Minuten aufgehen lassen.

4 Im unteren Teil des auf 180 °C vorgeheizten Ofens 55–60 Minuten backen.

5 Für die Glasur Puderzucker und Zitronensaft verrühren. Noch heisse Schnecke glasieren, auskühlen lassen.

6 Die Schnecke in Stücke schneiden, auf Tellern anrichten. Mit Johannisbeerrispen garnieren.

« Statt Johannisbeeren 250–300 g Johannisbeer-konfitüre verwenden, Birnendicksaft weglassen. Konfitüre direkt auf den Teig streichen, Apfelfüllung darauf verteilen. »

Für 20 Personen

Backpapier für das Blech

Teig:
400 g Mehl
120 g gemahlene Haselnüsse
60 g Zucker
1 TL Salz
30 g Hefe, zerbröckelt
1,25 dl Milch
2 dl Doppelrahm
1 Zitrone, abgeriebene Schale

Füllung:
600 g Äpfel, geschält, in feine Scheibchen geschnitten oder grob geraffelt
90 g Birnendicksaft
1 Zitrone, abgeriebene Schale und 3 EL Saft
150 g gemahlene Haselnüsse
200 g Johannisbeeren

Glasur:
100 g Puderzucker
1 EL Zitronensaft

Johannisbeerrispen zum Garnieren

Für 1 Blech von 28 cm ø
Butter für das Blech

Teig:
250 g Mehl
½ TL Salz
100 g Butter, kalt,
in Stücke geschnitten
1 EL Essig
ca. 1 dl Wasser

Belag:
1,5 dl Holunderblütensirup
250 g Mascarpone
4 Eier

Gelee:
0,5 dl Wasser
0,5 dl Holunderblütensirup
½ TL Agar Agar
(siehe Seite 12)

Holunderblüten
zum Garnieren

Holunder-Eier-Kuchen

1 Für den Teig Mehl und Salz mischen. Butter beifügen und zu einer krümeligen Masse verreiben, eine Mulde formen. Essig und Wasser hineingiessen. Zu einem Teig zusammenfügen, nicht kneten. In Folie gewickelt 30 Minuten kühl stellen.

2 Teig auf wenig Mehl rund auswallen. Im bebutterten Blech auslegen, Teigboden dicht einstechen. Für den wellenförmigen Rand Teigrand mit Zeige- und Mittelfinger festhalten, mit einer Messerspitze zwischen den Fingern hinunterdrücken. 15 Minuten kühl stellen.

3 Für den Belag alle Zutaten gut verrühren. Auf den Teigboden giessen.

4 Auf der untersten Rille des auf 200 °C vorgeheizten Ofens 30–35 Minuten backen. Auf einem Kuchengitter auskühlen lassen.

5 Für das Gelee Wasser, Sirup und Agar Agar unter Rühren aufkochen, 1–2 Minuten köcheln. Über den Belag giessen, auskühlen lassen.

6 Den Kuchen mit Holunderblüten garnieren.

« Statt Holunderblütensirup Zitronen- oder Orangensirup verwenden. Den Kuchen statt mit Gelee überziehen nur mit Sirup bestreichen. **»**

Marronicake

1 Butter rühren, bis sich Spitzchen bilden. Zucker, Salz und Vanillemark dazurühren. Eigelb beifügen und rühren, bis die Masse hell ist. Die Hälfte des Marronipürees und Rahm gut darunter rühren. Mehl und Backpulver mischen, dazusieben. Mit Eischnee sorgfältig darunter ziehen.

2 Ca. ⅔ des Teiges in die mit Backpapier ausgelegte Form füllen. Restliches Marronipüree längs halbieren und darauf legen. Mit restlichem Teig bedecken, glatt streichen.

3 Im unteren Teil des auf 180 °C vorgeheizten Ofens 55–65 Minuten backen, auskühlen lassen.

« Den Cake nach Belieben mit Puderzucker bestäuben oder mit Marrons glacés garnieren. Der Cake ist sehr feucht, er kann im Kühlschrank 4–5 Tage aufbewahrt werden. »

Für 1 Cakeform von 28 cm Länge

Backpapier für die Form

150 g **Butter, weich**
125 g **Zucker**
1 **Prise Salz**
1 **Vanillestängel, ausgeschabtes Mark**
4 **Eigelb**
440 g **tiefgekühltes Marronipüree (2 × 220 g), aufgetaut**
1,25 dl **Vollrahm**
200 g **Mehl**
1 TL **Backpulver**
4 **Eiweiss, steif geschlagen**

Für 4 Personen

1 ofengrosses Blech
Backpapier für das Blech

1 Für den Teig Eigelb mit dem Mixer ca. 6 Minuten zu einer hellen, schaumigen Masse schlagen. Eiweiss mit Salz steif schlagen, darunter ziehen. Mehl mit Backpulver mischen, dazusieben und mit dem Schwingbesen kurz darunter schlagen.

Teig:
4 Eigelb
4 Eiweiss
½ TL Salz
90 g Mehl
½ TL Backpulver

2 Teig auf dem mit Backpapier belegten Blech rechteckig, 6–7 mm dick ausstreichen.

3 In der Mitte des auf 220 °C vorgeheizten Ofens 5–7 Minuten backen. Sofort auf ein Tuch stürzen und mit dem heissen Blech zudecken, auskühlen lassen.

Füllung:
1,5 l Wasser
1 EL Salz
1 Prise Zucker
1 TL Butter
500 g grüne Spargeln, gerüstet
250 g Mascarpone, Raumtemperatur
250 g Magerquark, Raumtemperatur
75 g Gruyère, gerieben
Salz, Pfeffer aus der Mühle

Spargelrolle an Kerbel-Vinaigrette

4 Für die Füllung Wasser aufkochen. Salz, Zucker, Butter und Spargeln beifügen, 10 Minuten knapp weich kochen. 1 EL Spargelsud für die Vinaigrette beiseite stellen. Spargeln abgiessen, kalt abschrecken. Mascarpone, Quark und Gruyère verrühren, würzen.

5 Für die Vinaigrette alle Zutaten verrühren, würzen.

6 Mascarponemasse auf das Biskuit streichen. Spargeln längs in der Mitte darauf legen, aufrollen. Die Spargelrolle in 2 cm dicke Scheiben schneiden. Mit Kerbel garnieren. Mit der Vinaigrette servieren.

« Dazu passt eine Salatgarnitur. »

Vinaigrette:
2 EL Weissweinessig
1 EL Spargelsud
3 EL Rapsöl
1 Schalotte, fein gehackt
3–4 Radieschen, gerüstet, fein gewürfelt
1 EL Kerbel, fein gehackt
Salz, Pfeffer

Kerbel zum Garnieren

**Für 1 Springform
von 24 cm ø**

**Backpapier und Butter
für die Form**
Backpapier für das Blech

Nougat:
1 dl Wasser
200 g Zucker
**150 g Haselnüsse, geröstet,
geschält (siehe Seite 13)**

Teig:
5 Eigelb
180 g Zucker
**1 Zitrone,
abgeriebene Schale**
**250 g Kürbis,
z. B. Potimarron,
gerüstet, fein geraffelt**
1 Msp. Salz
1 TL Zimtpulver
**180 g Butter, flüssig,
leicht ausgekühlt**
240 g Mehl
1 TL Backpulver
**5 Eiweiss,
steif geschlagen**

**3 EL Aprikosenkonfitüre,
erwärmt, durch ein Sieb
gestrichen**

Glasur:
200 g Puderzucker
2–3 EL Zitronensaft

1 Formboden mit Backpapier belegen, Rand bebuttern.

2 Für den Nougat Wasser mit Zucker aufkochen und köcheln, bis ein hellbraunes Caramel entsteht. Haselnüsse beifügen, glasieren. Sofort auf ein mit Backpapier belegtes Blech geben, auskühlen lassen. In einem Plastikbeutel fein zerkleinern (siehe Seite 13). ¼ für die Garnitur beiseite stellen.

3 Für den Teig Eigelb mit Zucker schlagen, bis die Masse hell ist. Zitronenschale, Kürbis, Salz, Zimtpulver, Butter und Nougat darunter rühren. Mehl und Backpulver mischen, dazusieben. Mit Eischnee sorgfältig darunter ziehen.

Nougat-Kürbis-Kuchen

4 Teig in die Form füllen.

5 Im unteren Teil des auf 180 °C vorgeheizten Ofens 45–50 Minuten backen. Auf ein Kuchengitter stürzen.

6 Den noch warmen Kuchen mit Konfitüre bestreichen, auskühlen lassen.

7 Für die Glasur Puderzucker und Zitronensaft verrühren. Kuchen glasieren, leicht antrocknen lassen. Nougat darauf streuen, trocknen lassen.

« Geröstete und geschälte Haselnüsse sind in Reformhäusern und bei Merkur erhältlich. »

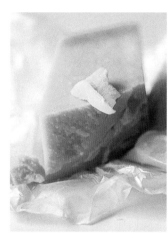

1 Butter rühren, bis sich Spitzchen bilden. Alle Zutaten
bis und mit Pfeffer darunter rühren. Mehl dazugeben.
Zu einem Teig zusammenfügen, nicht kneten. In Folie
gewickelt 1 Stunde kühl stellen.

2 Teig auf Backpapier 40×30 cm gross auswallen,
dicht einstechen. Auf ein ofengrosses Blech ziehen.
Teig dritteln und je in 16–18 schmale Dreiecke schneiden.

Käse-Shortbread mit grünem Pfeffer

Mit wenig Wasser bestreichen, Salz darüber streuen.
15 Minuten kühl stellen.

3 In der Mitte des auf 180 °C vorgeheizten Ofens
15–20 Minuten backen.

4 Die noch heissen Shortbread auseinander schneiden.
Warm oder kalt servieren.

Für ca. 50 Stück

Backpapier für das Blech

350 g Butter, weich
2 TL Salz
2 Msp. Muskatnuss
300 g Sbrinz, gerieben
1 dl Wasser
2 EL eingelegter
grüner Pfeffer,
abgetropft, gehackt
500 g Mehl
grobkörniges Salz
zum Bestreuen

Osterflädli

1 Für den Teig Mehl, Salz, Zucker und Zitronenschale mischen. Butter beifügen und zu einer krümeligen Masse verreiben, eine Mulde formen. Ei und Rahm hineingiessen. Zu einem Teig zusammenfügen, nicht kneten. In Folie gewickelt 30 Minuten kühl stellen.

2 Teig auf wenig Mehl 2–3 mm dick auswallen. 12 Kreise (11–12 cm ø) ausstechen. In die ausgebutterten Förmchen legen und Teigbödeli dicht einstechen, 20 Minuten kühl stellen.

3 Für die Füllung Rahm, Milch und Sultaninen aufkochen. Griess dazurühren, auf der ausgeschalteten Platte 15 Minuten quellen lassen. Auskühlen lassen, ab und zu rühren. Zucker, Eigelb, Zitronenschale und Mandeln darunter rühren. Eischnee sorgfältig darunter ziehen.

4 Füllung in die Teigbödeli verteilen.

5 Im unteren Teil des auf 200 °C vorgeheizten Ofens 20–25 Minuten backen, auskühlen lassen.

6 Die Flädli mit Puderzucker bestäuben. Mit Zuckereili garnieren.

« Aus dem restlichen Teig Osterhäschen ausstechen, backen und mit Puderzucker bestäubt als Garnitur verwenden. Sultaninen durch gewürfelte Weichspeckbirnen, Dörrpflaumen oder Aprikosen ersetzen oder Schokoladewürfelchen unter die ausgekühlte Griessmasse mischen. Statt Förmchen 1 Blech von 28 cm ø verwenden, 30–35 Minuten backen. »

Für 12 Förmchen
von 9 cm ø

Butter für die Förmchen

Teig:
250 g Mehl
1 Prise Salz
2 EL Zucker
1 Zitrone,
abgeriebene Schale
125 g Butter, kalt,
in Stücke geschnitten
1 Ei, verquirlt
1–2 EL Vollrahm

Füllung:
2 dl Vollrahm
2 dl Milch
100 g Sultaninen
3 EL Hartweizen-
oder Maisgriess
3 EL Zucker
3 Eigelb
½ Zitrone,
abgeriebene Schale
100 g gemahlene Mandeln
3 Eiweiss, steif geschlagen

Garnitur:
Puderzucker
farbige Zuckereili

1 Für den Teig Rosinen und Traubensaft mischen, zugedeckt 30 Minuten quellen lassen. Auf Backpapier 2 Kreise (24 cm ø) zeichnen. Backpapiere wenden, je auf ein Blech legen.

2 Eiweiss mit Salz steif schlagen. Zucker beifügen und weiterschlagen, bis die Masse glänzt. Eigelb kurz dazurühren. Mehl dazusieben, sorgfältig darunter ziehen. Butter und Rosinen samt Flüssigkeit sorgfältig darunter ziehen.

3 Je die Hälfte des Teiges auf den Backpapierkreisen 1 cm dick ausstreichen.

4 Nacheinander in der Mitte des auf 220 °C vorgeheizten Ofens oder zusammen im auf 200 °C vorgeheizten Heiss-/Umluftofen 6–8 Minuten backen. Biskuits auskühlen lassen, dann sorgfältig vom Backpapier lösen und evtl. auf 24 cm ø zuschneiden. 1 Biskuit auf eine Tortenplatte legen, den mit Backpapier ausgelegten Formring anschliessen.

Rosa Mousse-Torte

5 Für die Füllung 1 dl Traubensaft mit Zucker aufkochen. Gut ausgepresste Gelatine beifügen und rühren, bis sie aufgelöst ist. Restlichen Traubensaft und Zitronensaft dazugiessen. Im Kühlschrank ansulzen lassen. Traubensaftmasse durchrühren. Rahm in 2 Portionen sorgfältig darunter ziehen.

6 Füllung auf dem Biskuitboden verteilen. Zweites Biskuit darauf legen.

7 Für die Garnitur Torte mit Trauben belegen. 3 EL Traubensaft aufkochen. Gut ausgepresste Gelatine beifügen und rühren, bis sie aufgelöst ist. Restlichen Traubensaft darunter mischen. Im Kühlschrank ansulzen lassen. Traubensaftmasse durchrühren und über die Trauben verteilen. Zugedeckt mindestens 4 Stunden kühl stellen.

8 Tortenrand mit einem Spachtel sorgfältig vom Backpapier lösen, Formring entfernen. Tortenrand mit Pistazien garnieren.

« Statt Traubensaft Sauser verwenden. **»**

Für 1 Springformring von 24 cm ø

Backpapier für die Bleche und den Formring

Teig:
50 g Rosinen, fein gehackt
0,25 dl roter Traubensaft
4 Eiweiss
1 Prise Salz
100 g Zucker
4 Eigelb
100 g Mehl
50 g Butter, flüssig, ausgekühlt

Füllung:
4 dl roter Traubensaft
75 g Zucker
6 Blatt Gelatine, in kaltem Wasser eingeweicht
1 EL Zitronensaft
3 dl Vollrahm, steif geschlagen

Garnitur:
ca. 400 g Trauben, halbiert, evtl. entkernt
3 dl roter Traubensaft
3 Blatt Gelatine, in kaltem Wasser eingeweicht
25 g Pistazien, fein gehackt

Für 4 Stück

Backpapier für das Blech

Teig:
600 g Mehl
1½ TL Salz
21 g Hefe, zerbröckelt
ca. 3,5 dl Wasser
2 EL Butter, flüssig,
oder Bratcrème
ca. 5 Salbeiblätter,
fein geschnitten

Füllung:
250 g Pilze, z. B. Pleos,
Champignons,
Eierschwämmchen
Bratbutter oder Bratcrème
400 g gehacktes
Kalbfleisch
½ TL Salz
Pfeffer aus der Mühle
1 Zwiebel,
in Ringe geschnitten
1 Knoblauchzehe, gepresst
Butter zum Dämpfen
2 Fleischtomaten,
evtl. geschält, entkernt,
in Scheiben geschnitten
300 g Mozzarella,
in Scheiben oder
Würfel geschnitten
2 EL Oreganoblättchen,
gehackt
1 EL Salbeiblätter,
fein geschnitten
Salz, Pfeffer,
Cayennepfeffer

Mehl zum Bestäuben

1 Für den Teig Mehl und Salz mischen, eine Mulde formen. Hefe in wenig Wasser auflösen, mit restlichem Wasser, Butter oder Bratcrème und Salbei hineingeben. Zu einem geschmeidigen Teig kneten. Zugedeckt bei Raumtemperatur aufs Doppelte aufgehen lassen.

2 Für die Füllung Pilze putzen (nicht waschen) und evtl. in Stücke schneiden. Mit Kalbfleisch portionenweise in heisser Bratbutter anbraten, herausnehmen und würzen. Zwiebeln und Knoblauch in aufschäumender Butter andämpfen, zu den Pilzen und zum Fleisch mischen.

Calzoni mit Pilzen und Kalbfleisch

3 Teig vierteln und auf wenig Mehl je oval, ca. 5 mm dick auswallen. Auf 1–2 mit Backpapier belegte Bleche legen. Pilz-Fleisch-Gemisch, Tomaten, Mozzarella und Kräuter auf einer Hälfte der Teigstücke verteilen, würzen. Teigränder mit Wasser bestreichen. Teig über die Füllung schlagen, Ränder gut festdrücken und ca. 1 cm einrollen, festdrücken. Calzoni mit Mehl bestäuben.

4 Auf der untersten Rille des auf 240 °C vorgeheizten Ofens 20–25 Minuten backen.

« Statt 4 kleine 1 grosse Calzone backen, Backzeit um ca. 10 Minuten verlängern. **»**

1 Für den Teig Mehl, Salz und Safran mischen, eine Mulde formen. Hefe in wenig Milch auflösen, mit restlicher Milch und Ei hineingiessen. Zu einem geschmeidigen Teig kneten. Zugedeckt bei Raumtemperatur aufs Doppelte aufgehen lassen.

2 Für die Füllung alle Zutaten mischen, würzen. Zugedeckt kühl stellen.

3 Teig auf wenig Mehl 40×40 cm gross auswallen, 30 Minuten kühl stellen. 32 Fischli (ca. 10×5 cm) ausstechen oder -schneiden. Die Hälfte auf ein mit Backpapier belegtes Blech legen. Füllung darauf verteilen, rundum ca. 5 mm Rand frei lassen.

Safranfischli

Teigränder mit wenig Eigelb bepinseln und restliche Teigfischli darauf legen, Ränder gut zusammendrücken. Mit einer Schere Schuppen in die Fischli schneiden. Mit Eigelb bepinseln. Je 1 Pfefferkorn als Auge hineindrücken.

4 In der Mitte des auf 200 °C vorgeheizten Ofens 15–20 Minuten backen.

« Bei wenig Platz im Kühlschrank ausgewallten Teig auf Backpapier legen und aufrollen, 1 Stunde kühl stellen. Statt Fischli ausstechen Teig in Rechtecke oder Quadrate schneiden. Felchenfilets durch Forelle, Lachs oder gebratenes Pouletfleisch ersetzen. »

Für 16 Stück

Backpapier für das Blech

Teig:
300 g Mehl, z. B. Zopfmehl
½ EL Salz
1 Briefchen Safran
10 g Hefe, zerbröckelt
ca. 1,5 dl Milch
½ Ei, verquirlt

Füllung:
100 g geräucherte Felchenfilets, fein zerzupft
100 g Mascarpone
1 EL Schnittlauch, fein geschnitten
½ Knoblauchzehe, gepresst
1 TL Zitronensaft
Salz, Pfeffer

1 Eigelb mit 1 EL Vollrahm verquirlt
16 Pfefferkörner

1 Aus Backpapier 12 Kreise (16 cm ø) schneiden. Vom Rand zur Mitte 1-mal einschneiden und kegelförmig formen (8 cm ø), mit Büroklammer fixieren. Papierkegel mit der Spitze nach unten in die Tassen oder Förmchen stellen, mit Butter bepinseln.

2 Für den Teig Eiweiss mit Salz steif schlagen. Zucker beifügen und weiterschlagen, bis die Masse glänzt. Eigelb kurz dazurühren. Haselnüsse, Mehl und Maisstärke mischen, sorgfältig darunter ziehen.

3 Teig in einen Spritzsack ohne Tülle füllen. In die Papierkegel verteilen.

4 In der Mitte des auf 180 °C vorgeheizten Ofens

Nusskegel

15–20 Minuten backen. Biskuitkegel im Backpapier auskühlen lassen und mindestens 1 Stunde kühl stellen. Dann sorgfältig vom Backpapier lösen und evtl. zuschneiden, damit sie gerade stehen.

5 Für die Buttercrème Butter rühren, bis sich Spitzchen bilden. Puder-, Vanillezucker, Rahm und Likör oder Cognac beifügen, rühren, bis die Masse hell ist.

6 Die Biskuitkegel rundum mit Buttercrème bestreichen. Pistazien und Nüsse separat in Teller geben und Kegel je zur Hälfte darin drehen, kühl stellen.

« Statt Tassen oder Förmchen 1 Muffinblech mit 12 Vertiefungen von ca. 0,75 dl Inhalt verwenden. **»**

Für 12 Stück

12 ofenfeste tiefe Tassen oder Förmchen
Backpapier, Büroklammern und flüssige Butter für die Papierkegel

Teig:
3 Eiweiss
1 Prise Salz
75 g Zucker
3 Eigelb
100 g gemahlene Haselnüsse, geröstet (siehe Seite 13), ausgekühlt
25 g Mehl
25 g Maisstärke

Buttercrème:
100 g Butter, weich
75 g Puderzucker
½ Päckchen Vanillezucker
1 EL Vollrahm
½ EL Nusslikör oder Cognac, nach Belieben

25 g Pistazien, fein gehackt
25 g gemischte Nüsse, z. B. Hasel-, Baumnüsse, Mandeln, fein gehackt

1 Formboden mit Backpapier belegen, Rand bebuttern.

2 Für den Teig Mehl und Salz mischen. Butter beifügen und zu einer krümeligen Masse verreiben, eine Mulde formen. Apfelwein oder -saft hineingiessen. Zu einem Teig zusammenfügen, nicht kneten. In Folie gewickelt 30 Minuten kühl stellen.

3 Für die Füllung Apfelwein oder -saft aufkochen. Äpfel dazugeben und 6–8 Minuten köcheln, auskühlen lassen.

4 Wenig Teig für die Garnitur beiseite stellen. Restlichen Teig dritteln, auf wenig Mehl 2 Kreise (24 cm ø) auswallen und 1 Rolle (75 cm lang) formen. 1 Teigkreis in die Form legen und einstechen, den anderen auf Backpapier kühl stellen. Teigrolle dem Rand entlang in die Form legen und von Hand 5–6 cm hochziehen,

Pikanter Apple-Pie mit Preiselbeeren

festdrücken. Äpfel dicht nebeneinander auf den Teigboden stellen. Preiselbeeren und Tête de Moine dazwischen verteilen, würzen. Teigrand mit Eigelb bepinseln und gekühlten Teigkreis darauf legen, festdrücken.

5 Für die Garnitur aus dem Teig beliebige Formen ausstechen, darauf legen. Pie mit Eigelb bepinseln.

6 Im unteren Teil des auf 220 °C vorgeheizten Ofens 15 Minuten backen. Ofentemperatur auf 180 °C reduzieren, 25–30 Minuten fertig backen.

7 Den noch heissen Pie in Stücke schneiden, auf Tellern anrichten. Mit Petersilie und Preiselbeeren garnieren.

« Statt Preiselbeeren Johannisbeeren verwenden. Passt zu Wildgerichten, geräuchertem Fleisch, Blut- und Leberwürsten. »

Für 6 Personen

1 Springform von 24 cm ø
Backpapier und Butter
für die Form

Teig:
300 g Mehl
1 TL Salz
150 g Butter, kalt,
in Stücke geschnitten
1,25 dl Apfelwein
oder Apfelsaft

Füllung:
1,5 dl Apfelwein
oder Apfelsaft
ca. 7 Äpfel, z. B. Jonagold,
geschält, geviertelt
150 g Preiselbeeren
100–125 g Tête de Moine,
gerieben
1 Msp. Gewürznelken-
pulver
1 Msp. Muskatnuss
Salz, Pfeffer

1 Eigelb mit
1 TL Milch verquirlt

Garnitur:
Petersilie
Preiselbeeren

Für ca. 18 Stück

1 Backform von 24 × 24 cm
Backpapier für die Form

1 Butter rühren, bis sich Spitzchen bilden. Zucker, Salz
und Likör dazurühren. Eigelb beifügen und rühren,
bis die Masse hell ist. Schokolade und Haselnüsse
darunter mischen. Mehl dazusieben. Mit Eischnee
und Cassisbeeren sorgfältig darunter ziehen.

150 g Butter, weich
150 g Zucker
1 Prise Salz
2 EL Cassislikör,
nach Belieben

2 Teig in die mit Backpapier ausgelegte Form füllen,
glatt streichen.

4 Eigelb
150 g dunkle Schokolade,
geschmolzen

3 In der Mitte des auf 180 °C vorgeheizten Ofens

(siehe Seite 13),
ausgekühlt

Cassis-Schokolade-Rhomben

25–30 Minuten backen, auskühlen lassen.

50 g gemahlene Haselnüsse
50 g Mehl
4 Eiweiss,
steif geschlagen

4 Für die Garnitur Cassisbeeren mit wenig Eiweiss
bestreichen und in Zucker drehen, antrocknen lassen.

5 Das Gebäck in Rhomben (Würfel) schneiden.
Mit Cassisbeeren garnieren.

250 g Cassisbeeren
(schwarze
Johannisbeeren)

« Statt Cassisbeeren rote Johannisbeeren verwenden.
Die Rhomben schmecken gut gekühlt am besten. »

Garnitur:
Cassisbeeren
Eiweiss
Zucker

Für 1 Stück mit 28 Brötchen

Backpapier für das Blech

750 g Mehl

2 ½ TL Salz

21 g Hefe, zerbröckelt

2,5–3 dl Wasser

180 g Sauermilch

15 getrocknete
Tomaten in Öl,
in Streifen geschnitten

1 Bund Basilikum,
Blätter, in Streifen
geschnitten

Pfeffer, grob gemahlen

Garnitur:
28 Tête-de-Moine-Rosetten
28 Basilikumblätter

1 Mehl und Salz mischen, eine Mulde formen. Hefe in wenig Wasser auflösen, mit restlichen Zutaten hineingeben. Zu einem geschmeidigen Teig kneten. Zugedeckt bei Raumtemperatur aufs Doppelte aufgehen lassen.

2 Aus dem Teig 28 gleich grosse Kugeln formen. Radförmig, mit 5 mm Abstand auf ein mit Backpapier belegtes Blech legen. Zugedeckt 30–45 Minuten aufgehen lassen.

Brötchenrad mit Tête de Moine und Basilikum

3 Im unteren Teil des auf 230 °C vorgeheizten Ofens 10 Minuten backen. Ofentemperatur auf 180 °C reduzieren, 20–25 Minuten fertig backen. Auskühlen lassen.

4 Aus den Brötchen mit einem Messer einen Spickel herausschneiden. Je 1 Tête-de-Moine-Rosette und 1 Basilikumblatt hineinstecken.

Randen-Orangen-Cake

1 Für den Teig Eigelb, Zucker, Salz, Wasser und Orangenschale verrühren, bis die Masse hell ist. Crème fraîche und Randen darunter rühren. Mandeln, Mehl und Backpulver mischen, mit Eischnee sorgfältig darunter ziehen.

2 Teig in die mit Backpapier ausgelegte Form füllen, glatt streichen.

3 Im unteren Teil des auf 180 °C vorgeheizten Ofens 50–60 Minuten backen, auskühlen lassen.

4 Für die Glasur Puderzucker, Randen- und Orangensaft zu einer dickflüssigen Konsistenz verrühren. Über den Cake giessen.

5 Für die Garnitur Wasser mit Zucker aufkochen, leicht einkochen. Randen beifügen und 5–10 Minuten kochen. Herausnehmen, etwas trocknen lassen, in Zucker wenden und auf dem Cake verteilen.

Für 1 Cakeform
von 28 cm Länge

Backpapier für die Form

Teig:
5 Eigelb
180 g Zucker
1 Prise Salz
1 EL heisses Wasser
1 Orange,
abgeriebene Schale
200 g Crème fraîche
250 g rohe Randen,
gerüstet, an der
Bircherraffel gerieben
250 g gemahlene Mandeln
125 g Mehl
2 TL Backpulver
5 Eiweiss,
steif geschlagen

Glasur:
150 g Puderzucker
1 EL Randensaft
ca. 1 EL Orangensaft

Garnitur:
1 dl Wasser
50 g Zucker
50 g rohe Randen,
gerüstet, in Stäbchen
geschnitten
3 EL Zucker

Für 1 Springform
von 24 cm ø

Backpapier und Butter
für die Form

1 Formboden mit Backpapier belegen, Rand bebuttern.

50 g Butter
150 g dunkle Schokolade,
gehackt

2 Butter und Schokolade mit Kaffeepulver und Cognac bei kleiner Hitze schmelzen lassen. Eigelb mit Zucker schaumig schlagen. Schokolademasse und Kartoffeln darunter rühren. Mandeln, Mehl und Backpulver mischen, mit Eischnee sorgfältig darunter ziehen.

3 EL sofortlösliches
Kaffeepulver
2 EL Cognac, nach Belieben
4 Eigelb
180 g Zucker

Cappuccino-Kartoffel-Torte

300 g Kartoffeln,
z. B. Charlotte,

3 Teig in die Form füllen, glatt streichen.

4 Im unteren Teil des auf 180 °C vorgeheizten Ofens 40–45 Minuten backen. Auskühlen lassen, stürzen.

in der Schale gekocht,
ausgekühlt, geschält,
fein gerieben
200 g gemahlene Mandeln
40 g Mehl
1 TL Backpulver
4 Eiweiss,
steif geschlagen

5 Für die Garnitur Rahm mit Rahmhalter steif schlagen. Auf die Torte streichen und mit einem Löffelrücken mehrmals leicht durch den Rahm fahren, so dass kleine Spitzen entstehen. Mit Kakaopulver bestäuben.

Garnitur:
4 dl Vollrahm
2 Päckchen Rahmhalter
Kakaopulver

1 Auf Backpapier 2 Kreise (24 cm ø) zeichnen.
Backpapiere wenden, je auf ein Blech legen.

2 Für die Japonais-Böden Eiweiss steif schlagen.
Zucker beifügen und weiterschlagen, bis die Masse
glänzt. Puderzucker, Haselnüsse und Maisstärke
mischen, sorgfältig darunter ziehen.

3 Je die Hälfte der Masse auf den Backpapierkreisen
dünn ausstreichen.

4 Nacheinander in der Mitte des auf 120 °C
vorgeheizten Ofens oder zusammen im auf 100 °C
vorgeheizten Heiss-/Umluftofen 50–60 Minuten
backen. Japonais-Böden im leicht geöffneten Ofen
auskühlen lassen, dann sorgfältig vom Backpapier lösen und evtl. auf 24 cm ø zuschneiden.

5 Für das Biskuit Eier mit Zucker, Salz und Wasser
in einer Schüssel im warmen Wasserbad zu
einer schaumigen, dickflüssigen Masse schlagen.
Schüssel in kaltes Wasser stellen und weiterschlagen,
bis die Masse kalt ist. Mehl mit Maisstärke mischen,
dazusieben und sorgfältig darunter ziehen.

Kirschtorte

6 Teig in die mit Backpapier belegte Form füllen,
glatt streichen.

7 In der Mitte des auf 180 °C vorgeheizten Ofens
15–20 Minuten backen.

8 Für die Buttercrème Butter rühren, bis sich Spitzchen
bilden. Restliche Zutaten beifügen und rühren,
bis die Masse hell ist.

9 Für den Sirup alle Zutaten verrühren, bis der Puderzucker aufgelöst ist.

10 1 Japonais-Boden mit knapp ⅓ der Buttercrème
bestreichen. Biskuit darauf legen. Mit Sirup beträufeln,
mit knapp der Hälfte der restlichen Buttercrème
bestreichen. Zweiten Japonais-Boden mit der Unterseite
nach oben darauf legen, leicht andrücken. Torte
mit restlicher Buttercrème bestreichen. Tortenrand
mit Mandelblättchen garnieren.

11 Die Torte vor dem Servieren mindestens 2 Stunden
kühl stellen. Mit Kirschen garnieren.

« Mit wenig Kirschensauce anrichten. »

**Für 1 Springform
von 24 cm ø**

**Backpapier für die Form
und die Bleche**

Japonais-Böden:
2 Eiweiss
2 EL Zucker
2 EL Puderzucker
**60 g gemahlene
Haselnüsse**
1 EL Maisstärke

Biskuit:
2 Eier
60 g Zucker
1 Prise Salz
1 EL heisses Wasser
50 g Mehl
30 g Maisstärke

Kirsch-Buttercrème:
250 g Butter, weich
180 g Puderzucker
2 Eigelb
2 EL Kirsch
oder Kirschennektar
2 EL Randensaft
oder Kirschennektar

Kirschsirup:
0,5 dl Kirsch
oder Kirschennektar
0,5 dl Wasser
3 EL Puderzucker

Garnitur:
**ca. 25 g Mandelblättchen,
geröstet, ausgekühlt**
Kirschen

**Für 1 Cakeform
von 28 cm Länge**

Backpapier für die Form

3 Eier
200 g Zucker
1 Prise Salz
1 Päckchen Vanillezucker
200 g Mehl
½ TL Backpulver
2,5 dl Vollrahm,
steif geschlagen
100 g Pistazien,
sehr fein gemahlen
100 g dunkle Schokolade,
geschmolzen
(siehe Seite 13),
ausgekühlt

Garnitur:
Schokoladepulver
1 EL Pistazien,
sehr fein gemahlen

1 Eier, Zucker, Salz und Vanillezucker verrühren, bis die Masse hell und schaumig ist. Mehl und Backpulver mischen, dazusieben. Mit Rahm sorgfältig darunter ziehen. Teig halbieren. Unter eine Hälfte Pistazien, unter die andere Schokolade mischen.

2 Teige abwechslungsweise in dünnen Lagen in die

Zebra-Cake

mit Backpapier ausgelegte Form füllen, glatt streichen.

3 Im unteren Teil des auf 180 °C vorgeheizten Ofens 55–65 Minuten backen, auskühlen lassen.

4 Den Cake mit Schokoladepulver bestäuben. Mit Pistazien garnieren.

« Statt Pistazien geschälte Mandeln verwenden. **»**

1 Für den Teig Eiweiss mit Salz steif schlagen.
Eigelb, Schnittlauch und Pfeffer kurz dazurühren.
Mehl dazusieben, sorgfältig darunter ziehen.

2 Teig auf dem mit Backpapier belegten Blech
1 cm dick ausstreichen. In der Mitte des auf 220 °C
vorgeheizten Ofens 6–8 Minuten vorbacken.

3 Für den Belag Champignons putzen (nicht waschen)

Pilz-Rahm-Schnittchen

und in Scheiben schneiden. Mit Knoblauch portionenweise in heisser Bratbutter braten, leicht auskühlen
lassen. Rahm, Eier, Sbrinz und Kräuter darunter mischen,
würzen. Auf dem Biskuitboden verteilen.

4 Im oberen Teil des auf 220 °C vorgeheizten Ofens
8–10 Minuten fertig backen.

5 Das Biskuit in Schnitten (5×5 cm) schneiden.
Heiss, lauwarm oder kalt servieren.

Für 28 Stück

1 Blech von ca. 35 × 21 cm
oder ½ eines ofengrossen
Bleches (siehe Seite 9)
Backpapier für das Blech

Teig:
3 Eiweiss
½ TL Salz
3 Eigelb
1 Bund Schnittlauch,
fein geschnitten
Pfeffer
60 g Mehl

Belag:
400 g Champignons
1 Knoblauchzehe, gepresst
Bratbutter oder Bratcrème
1,5 dl Vollrahm
4 Eier, verquirlt
50 g Sbrinz, gerieben
4 EL gemischte Kräuter,
z.B. Zitronenthymian,
Schnittlauch,
glattblättrige Petersilie,
fein gehackt
Salz, Pfeffer

1 Für den Teig Mehl und Salz mischen, eine Mulde formen. Hefe in wenig Milch auflösen, mit restlicher Milch hineingiessen. Zu einem geschmeidigen Teig kneten. Zugedeckt bei Raumtemperatur aufs Doppelte aufgehen lassen.

2 Teig auf wenig Mehl 5–6 mm dick auswallen, 30 Minuten kühl stellen. 32 Herzli (ca. 6×5 cm) ausstechen.

3 Für die Lauge alle Zutaten in einer Chromstahlpfanne aufkochen. Teigherzli portionenweise mit einer Drahtkelle kurz hineintauchen, abtropfen lassen. Auf ein mit Backpapier belegtes Blech legen.

Vitello-tomato-Herzli

4 In der Mitte des auf 200 °C vorgeheizten Ofens 8–12 Minuten backen. Mit Eiweiss bepinseln und mit wenig Salz bestreuen, auskühlen lassen.

5 Für die Füllung Quark mit Knoblauch und Schnittlauch verrühren. Tomaten und Fleisch darunter mischen, würzen.

6 Die Herzli waagrecht halbieren. Füllung auf die Bödeli verteilen. Deckeli darauf legen.

« Bei wenig Platz im Kühlschrank ausgewallten Teig auf Backpapier legen und aufrollen, 1 Stunde kühl stellen.»

Für 32 Stück

Backpapier für das Blech

Teig:
250 g Mehl
½ EL Salz
10 g Hefe, zerbröckelt
ca. 1,5 dl Milch

Lauge:
5 dl Wasser
30 g Natronpulver
1 TL Salz

1 Eiweiss, verquirlt
grobkörniges Salz
zum Bestreuen

Füllung:
100 g Halbfettquark
½ Knoblauchzehe, gepresst
1 Bund Schnittlauch,
fein geschnitten
75 g getrocknete
Tomaten in Öl, abgetropft,
klein gewürfelt
75 g Kalbsbraten,
fein gehackt
Salz, Pfeffer

Petit fours

1 Für den Teig Eiweiss mit Salz steif schlagen. Zucker beifügen und weiterschlagen, bis die Masse glänzt. Eigelb und Zitronenschale kurz dazurühren. Mehl dazusieben, sorgfältig darunter ziehen.

2 Teig in einen Spritzsack mit glatter Tülle füllen. Je ca. 60 nussgrosse Kugeln, Herzli oder Stäbchen auf 2 mit Backpapier belegte Bleche spritzen.

3 Nacheinander in der Mitte des auf 200 °C vorgeheizten Ofens oder zusammen im auf 180 °C vorgeheizten Heiss-/Umluftofen 6–8 Minuten backen, auskühlen lassen.

4 Biskuits auf der Unterseite mit einer Messerspitze leicht aushöhlen. Bei der Hälfte der Biskuits die Oberseite flach zuschneiden, wenden.

5 Für die Buttercrème Butter rühren, bis sich Spitzchen bilden. Puderzucker, Vanillemark und Rosenwasser beifügen, rühren, bis die Masse hell und luftig ist.

6 Buttercrème in einen Spritzsack mit glatter Tülle füllen. In die flachen Biskuits spritzen. Restliche Biskuits darauf legen, festdrücken.

7 Biskuits mit Aprikosenkonfitüre bestreichen, 30 Minuten antrocknen lassen und 30 Minuten kühl stellen.

8 Für die Glasur alle Zutaten zu einer dickflüssigen Konsistenz verrühren. Petit fours mit Hilfe eines Holzstäbchens hineintauchen und abtropfen lassen, auf einem Kuchengitter trocknen lassen. Restliche Glasur für die Garnitur zugedeckt beiseite stellen.

9 Für die Garnitur Glasur ins Spritztütchen füllen. Die Petit fours garnieren. Je 1 Zuckerblümchen darauf legen, trocknen lassen.

Für 60 Stück

Backpapier für die Bleche
1 Spritztütchen
(siehe Seite 11)

Teig:
3 Eiweiss
1 Prise Salz
75 g Zucker
3 Eigelb
1 Zitrone, abgeriebene Schale
100 g Mehl

Buttercrème:
75 g Butter, weich
60 g Puderzucker
1 Vanillestängel, ausgeschabtes Mark
½ EL Rosenwasser, nach Belieben
75 g Aprikosenkonfitüre, erwärmt, durch ein Sieb gestrichen

Glasur:
500 g Puderzucker
3 EL Rosenwasser oder Zitronensaft
2–3 EL Wasser

60 Zuckerblümchen zum Garnieren

Für 16 Personen

Backpapier für das Blech
1 Spritztütchen
(siehe Seite 11)

Teig:
175 g Butter
300 g dunkle Schokolade,
gehackt
1 dl Kirsch oder Milch
6 Eigelb
175 g Zucker
125 g gemahlene
Haselnüsse
100 g Mehl
¼ TL Backpulver
1 Msp. Salz
6 Eiweiss,
steif geschlagen

250 g weisse Couverture,
geschmolzen
(siehe Seite 13)
200 g Johannisbeergelee,
erwärmt
2 Beutel dunkle Kuchen-
glasur, geschmolzen
(siehe Seite 13)

1 Für den Teig Butter und Schokolade mit Kirsch oder Milch bei kleiner Hitze schmelzen lassen. Eigelb mit Zucker schaumig schlagen. Haselnüsse, Mehl, Backpulver und Salz mischen, mit Eischnee sorgfältig darunter ziehen.

2 Teig auf einem mit Backpapier belegten Blech ca. 2 cm dick ausstreichen.

3 Im unteren Teil des auf 180 °C vorgeheizten Ofens 20–25 Minuten backen, auskühlen lassen.

4 Gebäck auf 39 × 26 cm zuschneiden. Mit ¾ der Couverture bestreichen, trocknen lassen.

Schokoladewürfel

5 Restliche Couverture ins Spritztütchen füllen. Frankengrosse Punkte auf ein Backpapier spritzen, trocknen lassen.

6 Gebäck mit einem in heisses Wasser getauchten Messer in 6 Quadrate (13 × 13 cm) schneiden. 5 Quadrate mit Gelee bestreichen, 30 Minuten trocknen lassen. Gelee-Quadrate zu einem Würfel aufschichten. Restliches Quadrat mit der Couverture nach oben darauf legen.

7 Würfel mit Glasur glasieren, antrocknen lassen. Schokoladepunkte würfelartig darauf verteilen, trocknen lassen.

1 Für den Teig Butter rühren, bis sich Spitzchen bilden. Zucker und Salz dazurühren. Eier beifügen und rühren, bis die Masse hell ist. Rahm und Kakaopulver mischen, darunter rühren. Mehl mit Backpulver mischen, dazusieben und darunter rühren.

2 Teig auf dem mit Backpapier belegten Blech ausstreichen.

Neue Florentinerli

3 Für den Belag Butter, Zucker, Rahm und Honig aufkochen, 5–8 Minuten köcheln, bis die Masse dicklich wird. Zitronat und Mandelblättchen beifügen. Sofort auf dem Teig verteilen.

4 In der Mitte des auf 180 °C vorgeheizten Ofens 20–30 Minuten backen.

5 Das noch heisse Gebäck in Würfel schneiden.

Für 1 Blech von 35 × 21 cm oder ½ eines ofengrossen Bleches (siehe Seite 9)

Backpapier für das Blech

Teig:
150 g Butter, weich
150 g Zucker
1 Msp. Salz
3 Eier
4 EL Vollrahm
3 EL Kakaopulver
175 g Mehl
½ TL Backpulver

Belag:
100 g Butter
100 g Zucker
0,75 dl Vollrahm
125 g Honig
60 g Zitronat
150 g Mandelblättchen

1 Butter rühren, bis sich Spitzchen bilden.
Puderzucker, Salz und Mandelaroma dazurühren.
Eier beifügen und rühren, bis die Masse hell ist.
Mandeln, Mehl und Backpulver mischen,
darunter rühren.

2 Teig in einen Spritzsack mit grosser glatter Tülle
füllen. In die ausgebutterten und bemehlten
Blechvertiefungen oder die Förmchen verteilen.

3 In der Mitte des auf 180 °C vorgeheizten Ofens
12–15 Minuten backen, auskühlen lassen.

Mandel-Perlen-Törtchen

4 Für die Garnitur Hagelzucker auf einem mit Backpapier belegten ofengrossen Blech verteilen,
so dass sich die Körner nicht berühren. Unter dem
Grill oder im oberen Teil des auf 240 °C vorgeheizten
Ofens 2–3 Minuten caramelisieren (beobachten).

5 Rahm mit Vanillezucker mischen.
In einen Spritzsack mit gezackter Tülle füllen.

6 Die Törtchen mit Rahm und Caramelperlen garnieren.

« Die Törtchen erst kurz vor dem Servieren
garnieren. Caramelperlen auf Vorrat zubereiten,
gut verschlossen, trocken aufbewahren. »

Für 45–60 Stück

**3 Mini-Backförmchen-
bleche mit je
15 Vertiefungen von
ca. 4 cm ø oder 120 Praliné-
Papierförmchen,
je 2 ineinander gesteckt
Butter und Mehl
für die Bleche
Backpapier für das Blech**

**100 g Butter, weich
100 g Puderzucker
1 Prise Salz
2–3 Tropfen Mandelaroma
2 Eier
50 g Mandeln, geschält,
gemahlen
100 g Mehl
½ TL Backpulver**

**Garnitur:
2 EL Hagelzucker
1,5 dl Vollrahm,
steif geschlagen
½ Päckchen Vanillezucker**

Für 4 Personen

1 Blech von 28 cm ⌀
Butter für das Blech

1 Für den Teig Mehl und Salz mischen. Butter beifügen und zu einer krümeligen Masse verreiben, eine Mulde formen. Wein oder Apfelsaft und Wasser hineingiessen. Zu einem Teig zusammenfügen, nicht kneten. In Folie gewickelt 30 Minuten kühl stellen.

Teig:
250 g Dinkelruchmehl
½ TL Salz
100 g Butter, kalt,
in Stücke geschnitten
0,5 dl Weisswein
oder Apfelsaft
ca. 0,75 dl Wasser

2 Teig auf wenig Mehl rund auswallen. Im bebutterten Blech auslegen, Teigboden dicht einstechen und Rand mit der Gabel eindrücken, so dass Rillen entstehen. 15 Minuten kühl stellen.

Zigerwähe

Belag:
400 g Ziger, zerzupft
2 rote Zwiebeln,
in Ringe geschnitten
100 g Rohschinken, in feine
Tranchen geschnitten
1 EL Basilikumblätter,
fein geschnitten
½ EL Thymianblättchen
½ EL Rosmarinnadeln,
gehackt
50 g Gruyère, gerieben
1 dl Vollrahm
Salz, Pfeffer

3 Für den Belag Ziger, Zwiebeln, Rohschinken und Kräuter auf dem Teigboden verteilen. Gruyère darüber streuen. Rahm, Salz und Pfeffer verrühren, darüber träufeln.

4 Auf der untersten Rille des auf 220 °C vorgeheizten Ofens 25–30 Minuten backen.

« Statt Ziger Ricotta verwenden. Rohschinken durch Modelschinken oder Speck ersetzen, in Streifen schneiden. »

Für 70 Würfel

2 ofengrosse Bleche
Backpapier für die Bleche

Dunkler Teig:
250 g Butter
300 g dunkle Schokolade,
gehackt
1,5 dl Espresso
5 Eier
250 g Zucker
300 g Mehl
½ Päckchen Backpulver

Heller Teig:
300 g Butter, weich
300 g Zucker
6 Eier
2 Zitronen,
abgeriebene Schale
300 g Mehl
½ Päckchen Backpulver

Sirup:
100 g heller Birnendicksaft
2 Zitronen, Saft
2 EL Wasser

Garnitur:
Kakaopulver
Puderzucker
gesprizte Schokolade-
birne/n aus
dunkler Kuchenglasur
(siehe Seite 14)

1 Für den dunklen Teig Butter und Schokolade mit Espresso bei kleiner Hitze schmelzen lassen. Eier mit Zucker schaumig schlagen. Schokolademasse unter Rühren beifügen. Mehl mit Backpulver mischen, dazusieben und darunter rühren.

2 Für den hellen Teig Butter rühren, bis sich Spitzchen bilden. Zucker dazurühren. Eier beifügen und rühren, bis die Masse hell ist. Zitronenschale darunter mischen. Mehl mit Backpulver mischen, dazusieben und darunter rühren.

3 Teige separat auf den mit Backpapier belegten Blechen ausstreichen.

Schachbrett-Pyramide

4 Nacheinander im unteren Teil des auf 180 °C vorgeheizten Ofens oder zusammen im auf 160 °C vorgeheizten Heiss-/Umluftofen 20–25 Minuten backen. Kuchen wenden, Backpapier entfernen.

5 Für den Sirup alle Zutaten aufkochen. Auf den noch warmen hellen Kuchen träufeln, auskühlen lassen.

6 Beide Kuchen in Würfel (5 × 5 cm) schneiden. Schokoladewürfel mit Kakaopulver bestäuben. Birnenwürfel mit Puderzucker bestäuben. Dunkle und helle Würfel schachbrettartig zu einer oder mehreren Pyramide/n aufschichten. Schokoladebirne/n darauf setzen.

Für 1 Muffinblech
mit 12 Vertiefungen oder
12 Souffléförmchen
von ca. 0,75 dl Inhalt

1 Für den Teig Mehl, Salz und Zucker mischen.
Butter beifügen und zu einer krümeligen Masse
verreiben, eine Mulde formen. Ei und Kaffee
hineingiessen. Zu einem Teig zusammenfügen,
nicht kneten. In Folie gewickelt 1 Stunde kühl stellen.

Butter und Mehl
für das Blech
oder die Förmchen

2 Für die Füllung alle Zutaten unter ständigem Rühren
mit dem Schwingbesen bis vors Kochen bringen.
Durch ein Sieb in eine Schüssel passieren, auskühlen
lassen, ab und zu rühren. Zugedeckt mindestens
1 Stunde kühl stellen.

Teig:
200 g Mehl
1 Prise Salz
30 g Zucker
75 g Butter, kalt,
in Stücke geschnitten
1 Ei, verquirlt
1–2 EL Kaffee, kalt

Cappuccino-Törtchen

3 Teig auf wenig Mehl 2 mm dick auswallen.
12 Kreise (12 cm ø) ausstechen. In die ausgebutterten
und bemehlten Blechvertiefungen oder Förmchen legen,
die Teigränder dürfen sich leicht wellen. Teigbödeli dicht
einstechen. 20 Minuten kühl stellen.

Füllung:
3 dl Milch
1 dl Wasser
2 EL Maisstärke
2 EL sofortlösliches
Kaffeepulver
100 g Zucker
3 Eigelb
1 Vanillestängel,
ausgeschabtes Mark

4 Füllung in die Teigbödeli verteilen.

5 Im unteren Teil des auf 180 °C vorgeheizten Ofens
20–25 Minuten backen, auskühlen lassen.

6 Die Törtchen mit Rahm, Kaffeepulver
und Schokolade-Kaffeebohnen garnieren.

Garnitur:
1 dl Vollrahm,
steif geschlagen
sofortlösliches
Kaffeepulver
Schokolade-Kaffeebohnen

1 Für den Teig Mehl und Salz mischen. Butter beifügen und zu einer krümeligen Masse verreiben, eine Mulde formen. Wasser und Essig hineingiessen. Zu einem Teig zusammenfügen, nicht kneten. In Folie gewickelt 30 Minuten kühl stellen.

2 Für den Belag Krautstiele in Kraut und Stiele trennen, beides in ca. 3 cm breite Streifen schneiden. Separat in siedendem Salzwasser knapp weich garen, abgiessen und kalt abschrecken.

Krautstielenwähe mit Rohessspeck und Jurakäse

3 Für den Guss alle Zutaten verrühren, würzen.

4 Teig auf wenig Mehl rund, ca. 3 mm dick auswallen. Im mit Backpapier belegten Blech auslegen und Teigboden einstechen, 15 Minuten kühl stellen.

5 Jurakäse, Krautstiele und Rohessspeck auf dem Teigboden verteilen. Guss darüber giessen.

6 Auf der untersten Rille des auf 220 °C vorgeheizten Ofens 25–30 Minuten backen.

Für 4 Personen

1 Blech von 28 cm ø
Backpapier für das Blech

Teig:
200 g Mehl
¾ TL Salz
80 g Butter, kalt, in Stücke geschnitten
0,75 dl Wasser
1 EL Essig, nach Belieben

Belag:
750 g Krautstiele
75 g Jurakäse, gerieben
100 g Rohessspeck, in Streifen geschnitten

Guss:
150 g Mascarpone, Raumtemperatur
1,5 dl Milch
2 Eier
1 Knoblauchzehe, gepresst
¾ TL Salz
Pfeffer aus der Mühle, Muskatnuss

1 Butterblätterteig auf wenig Mehl rund, 2–3 mm dick auswallen, auf 26 cm ø zuschneiden. Auf ein mit Backpapier belegtes Blech legen, 10–15 Minuten kühl stellen. Teigkreis dicht einstechen, mit Backpapier belegen und mit einem Blech beschweren.

2 In der Mitte des auf 220 °C vorgeheizten Ofens 8 Minuten backen. Blech und Backpapier entfernen, 3–5 Minuten fertig backen.

3 Für den Teig alle Zutaten bis und mit Zucker aufkochen, Hitze reduzieren. Mehl im Sturz beifügen und rühren, bis sich ein geschmeidiger Teigkloss gebildet hat. Leicht auskühlen lassen. Eier portionenweise darunter rühren, bis der Teig weich ist, aber nicht zerfliesst.

4 Teig in einen Spritzsack mit grosser glatter Tülle füllen. Je 25 baumnussgrosse Kugeln auf 2 mit Backpapier belegte Bleche spritzen. Beim Nacheinanderbacken Kugeln erst kurz vor dem Backen aufs Blech spritzen.

Croquembouche
mit Honig-Wein-Füllung

5 Nacheinander im unteren Teil des auf 180 °C vorgeheizten Ofens oder zusammen im auf 160 °C vorgeheizten Heiss-/Umluftofen 15 Minuten backen. Ofentemperatur auf 150 °C bzw. 130 °C reduzieren, 40–45 Minuten fertig backen. Auskühlen lassen.

6 Für die Füllung alle Zutaten bis und mit Zitronenschale sirupartig einkochen, absieben. Mascarpone dazurühren, auskühlen lassen. Halbrahm darunter ziehen.

7 Masse in einen Spritzsack mit kleiner Tülle füllen. In die Kugeln spritzen.

8 Für die Garnitur Wasser mit Zucker aufkochen und köcheln, bis ein hellbraunes Caramel entsteht. Pfanne von der Platte nehmen. Kugeln nacheinander leicht hineintauchen und turmartig auf den Blätterteig-boden schichten. Evtl. Pfanne zwischendurch auf die warme Platte stellen. Restliches Caramel über den Croquembouche träufeln, fest werden lassen. Mit Puderzucker bestäuben.

Für 1 Stück mit 50 Kugeln

Backpapier für die Bleche

250 g Butterblätterteig, selbst gemacht (siehe Seite 55) oder gekauft

Teig:
2,5 dl Wasser
1 dl Milch
80 g Butter
¼ TL Salz
2 EL Zucker
180 g Mehl
4–5 Eier, verquirlt

Füllung:
125 g heller Honig
3 dl süsser Weisswein oder weisser Traubensaft
1 Vanillestängel, ausgeschabtes Mark und Stängel
2 Stück Zitronenschale
500 g Mascarpone, Raumtemperatur
2 dl Halbrahm, steif geschlagen

Garnitur:
4 EL Wasser
200 g Zucker
Puderzucker

Für 2 Brote

Backpapier für das Blech

100 g Kastanienmehl

**400 g Weiss-
oder Ruchmehl**

2 TL Salz

20 g Hefe, zerbröckelt

ca. 3 dl Buttermilch

**100 g tiefgekühlte Marroni,
aufgetaut, gewürfelt**

**50 g Dörrpflaumen,
ohne Stein, gewürfelt**

2–3 EL Buttermilch

Marronibrot

1 Mehl und Salz mischen, eine Mulde formen. Hefe in wenig Buttermilch auflösen, mit restlicher Buttermilch hineingiessen. Zu einem geschmeidigen Teig kneten. Marroni und Dörrpflaumen darunter kneten. Zugedeckt bei Raumtemperatur aufs Doppelte aufgehen lassen.

2 Teig halbieren, kurz kneten und mit wenig Mehl 2 längliche Brote formen. Auf ein mit Backpapier belegtes Blech legen, mit Buttermilch bepinseln.

3 In der Mitte des auf 200 °C vorgeheizten Ofens 30–40 Minuten backen.

« Kastanienmehl ist in Drogerien mit Reformabteilung, Reformhäusern und italienischen Spezialitätengeschäften erhältlich. Es kann durch Maismehl ersetzt werden. »

1 Butter rühren, bis sich Spitzchen bilden. Zucker, Salz und Süssholzpulver dazurühren. Haselnüsse und Mehl mischen, mit Milch dazugeben. Zu einem Teig zusammenfügen, nicht kneten.

2 Teig portionenweise sorgfältig zu Rollen (ca. 1,5 cm ø) formen. In Zucker rollen. In 4–5 cm lange Stücke schneiden. Auf ein mit Backpapier belegtes Blech legen,

Süssholzguetzli

mit einer Gabel etwas flach drücken, so dass Rillen entstehen. 30 Minuten kühl stellen.

3 In der Mitte des auf 200 °C vorgeheizten Ofens 10–15 Minuten hellbraun backen.

« Süssholzpulver ist in Drogerien und Apotheken erhältlich. Es kann durch 1 TL Zimtpulver ersetzt werden. »

Für 45 Stück

Backpapier für das Blech

125 g Butter, weich
125 g Zucker
1 Prise Salz
2 EL Süssholzpulver
50 g gemahlene Haselnüsse
200 g Mehl
2–3 EL Milch
Zucker zum Rollen

Kartoffel-Broccoli-Weggen

1 Für den Teig Mehl und Salz mischen, eine Mulde formen. Hefe in wenig Milch auflösen, mit restlicher Milch und Butter hineingeben. Zu einem geschmeidigen Teig kneten. Zugedeckt bei Raumtemperatur aufs Doppelte aufgehen lassen.

2 Für die Füllung Zwiebeln, Knoblauch und Broccoli in heisser Bratbutter 4–5 Minuten rührbraten. Mit Bouillon ablöschen, auskühlen lassen. Kartoffeln schälen und in ca. 1,5 cm grosse Würfel schneiden, zum Gemüse mischen. Schnittlauch beifügen, würzen.

3 Teig halbieren und auf wenig Mehl je ca. 35 × 25 cm gross auswallen. Füllung längs in der Mitte der Teigstücke verteilen. Teigränder mit wenig Ei bepinseln. Schmalseiten einschlagen, längs aufrollen. Mit der Abschlusskante nach oben auf ein mit Backpapier belegtes Blech legen und mit Ei bepinseln, zugedeckt 30 Minuten aufgehen lassen.

4 Im unteren Teil des auf 200 °C vorgeheizten Ofens 30–35 Minuten backen.

5 Für die Sauce Rahm, Wein oder Bouillon und Zitronensaft mit Maisstärke verrühren, unter Rühren aufkochen. Vacherin beifügen und bei kleiner Hitze schmelzen lassen, würzen.

6 Die Weggen in 3 cm breite Stücke schneiden, mit der Sauce anrichten.

Für 6 Personen

Backpapier für das Blech

Teig:
300 g Mehl
1 TL Salz
15 g Hefe, zerbröckelt
ca. 1,75 dl Milch
50 g Butter, flüssig,
ausgekühlt

Füllung:
2 Zwiebeln,
in Streifen geschnitten
1–2 Knoblauchzehen,
gepresst
ca. 500 g Broccoliröschen
Bratbutter oder Bratcrème
0,5 dl kräftige
Gemüsebouillon
350 g Kartoffeln,
z. B. Charlotte,
in der Schale gekocht
2 EL Schnittlauch,
geschnitten
Salz, Pfeffer, Muskatnuss

1 Ei, verquirlt

Sauce:
1,5 dl Vollrahm
2 EL Weisswein
oder 0,5 dl Bouillon und
½ TL Zitronensaft
¾ TL Maisstärke
75 g Vacherin Fribourgeois,
gewürfelt
Salz, Pfeffer, Muskatnuss,
Zitronensaft

1 Butter rühren, bis sich Spitzchen bilden. Zucker und
Salz dazurühren. Mehl mit Kakaopulver mischen,
dazusieben und darunter rühren. Cornflakes sorgfältig
darunter heben. 1 Stunde kühl stellen.

2 Von Hand baumnussgrosse Teigkugeln formen.

Glasierte Schokolade-Mais-Guetzli

Mit genügend Abstand auf ein mit Backpapier belegtes
Blech geben, 15 Minuten kühl stellen.

3 In der Mitte des auf 170 °C vorgeheizten Ofens
15–20 Minuten backen, auskühlen lassen.

4 Glasur über die Guetzli giessen, trocknen lassen.

Für 40–50 Stück

Backpapier für das Blech

200 g Butter, weich
125 g Zucker
1 Prise Salz
225 g Mehl
2 EL Kakaopulver
75 g Cornflakes
1 Beutel dunkle
Kuchenglasur,
geschmolzen
(siehe Seite 13)

Maisbrötchen

1 Mehl, Salz und Backpulver mischen, eine Mulde formen. Quark und Milch hineingeben. Zu einem glatten Teig kneten.

2 Teig halbieren und 2 Rollen (ca. 40 cm lang) formen. Schräg je in ca. 6 gleich grosse Stücke schneiden. Auf ein mit Backpapier belegtes Blech geben, mit einer Schere mehrmals einschneiden. Mit Mehl bestäuben.

3 In der Mitte des auf 180 °C vorgeheizten Ofens 20 Minuten backen. Ofentemperatur auf 220 °C erhöhen, 5–10 Minuten fertig backen.

« Maismehl ist in Drogerien und Reformhäusern erhältlich. »

Für 12 Stück

Backpapier für das Blech

350 g Dinkelmehl
150 g Maismehl
2 TL Salz
2 ½ TL Backpulver
250 g Halbfettquark
ca. 2 dl Milch
Maismehl zum Bestäuben

Quarktorte mit Himbeeren

**Für 1 Springform
von 24 cm ø
Backpapier für die Form
Teig:
150 g Mehl
1 Prise Salz
2 EL Zucker
½ Zitrone,
abgeriebene Schale
125 g Butter, kalt,
in Stücke geschnitten**

**Belag:
300 g Himbeeren, verlesen
3 Eigelb
175 g Zucker
1 Päckchen Vanillezucker
1 EL heisses Wasser
450 g Rahmquark
6 Blatt Gelatine,
in kaltem Wasser
eingeweicht
2 dl Vollrahm,
steif geschlagen
3 Eiweiss,
steif geschlagen**

**Garnitur:
1 dl Vollrahm,
steif geschlagen
Himbeeren, verlesen**

1 Für den Teig Mehl, Salz, Zucker und Zitronenschale mischen. Butter beifügen und zu einer krümeligen Masse verreiben.

2 Teigkrümel in die mit Backpapier belegte Form füllen. Mit nassen Händen gleichmässig flach drücken.

3 In der Mitte des auf 200 °C vorgeheizten Ofens 15–20 Minuten backen. Auskühlen lassen und auf eine Tortenplatte legen, den mit Backpapier ausgelegten Formring anschliessen.

4 Für den Belag Himbeeren auf dem Gebäckboden verteilen. Eigelb, Zucker, Vanillezucker und Wasser verrühren, bis die Masse hell ist. Quark darunter mischen. Gut ausgepresste Gelatine im warmen Wasserbad auflösen, 2 EL der Quarkmasse dazurühren. Dann unter ständigem Rühren zur Quarkmasse geben. Im Kühlschrank ansulzen lassen. Quarkmasse durchrühren. Rahm und Eischnee sorgfältig darunter ziehen. Über die Himbeeren giessen, glatt streichen. Zugedeckt mindestens 4 Stunden kühl stellen.

5 Tortenrand mit einem Spachtel sorgfältig vom Backpapier lösen, Formring entfernen. Die Torte mit Rahm und Himbeeren garnieren.

« Statt Himbeeren halbierte Erdbeeren verwenden. **»**

1 Für den Teig Mehl, Mandeln, Zucker und Salz mischen, eine Mulde formen. Hefe in wenig Milch auflösen, mit restlicher Milch, Butter und Zitronenschale hineingeben. Zu einem glatten, geschmeidigen Teig kneten. Zugedeckt bei Raumtemperatur aufs Doppelte aufgehen lassen.

2 Für den Belag Butter, Maisstärke, Zucker, Vanillezucker und Zitronensaft verrühren. Nektarinen und Heidelbeeren darin wenden.

Heidelbeer-Nektarinen-Focaccias

3 Teig vierteln und auf wenig Mehl je oval, 5 mm dick auswallen. Auf ein mit Backpapier belegtes Blech legen. Belag darauf verteilen, rundum ca. 2 cm Rand frei lassen. 20–30 Minuten aufgehen lassen.

4 Auf der untersten Rille des auf 220 °C vorgeheizten Ofens 15–20 Minuten backen.

5 Die noch heissen Focaccias mit Konfitüre bestreichen. Lauwarm servieren.

« Dazu passt leicht gesüsste Crème fraîche. **»**

Für 4 Stück

Backpapier für das Blech

Teig:
250 g Mehl
75 g gemahlene Mandeln
40 g Zucker
½ TL Salz
15 g Hefe, zerbröckelt
ca. 1,5 dl Milch
50 g Butter, weich,
in Stücke geschnitten
½ Zitrone,
abgeriebene Schale

Belag:
30 g Butter, flüssig,
leicht ausgekühlt
1 EL Maisstärke
2 EL Zucker
1 Päckchen Vanillezucker
2 EL Zitronensaft
3 reife Nektarinen,
in feine Schnitze oder
Scheiben geschnitten
150 g Heidelbeeren
2–3 EL Aprikosenkonfitüre,
erwärmt, durch ein Sieb
gestrichen

1 Für den Teig Mehl und Salz mischen, eine Mulde formen. Hefe in wenig Milch auflösen, mit restlicher Milch, Jogurt und Butter hineingeben. Zu einem geschmeidigen Teig kneten. Zugedeckt bei Raumtemperatur aufs Doppelte aufgehen lassen.

2 Für die Schinkenfüllung rote und gelbe Peperoni je mit der Hälfte der Zwiebeln separat in aufschäumender Butter andämpfen, leicht auskühlen lassen. Je die Hälfte beider Schinkensorten darunter mischen, würzen.

3 Teig halbieren und auf wenig Mehl je ca. 40 × 28 cm

Gefüllte Brotcakes

gross auswallen. Je in 4 Streifen (10 cm breit) schneiden. Je 1 Teigstreifen in die mit Backpapier ausgelegten Formen legen. Rote Schinkenfüllung darauf verteilen, rundum 5 mm Rand frei lassen. Je 1 Teigstreifen darauf legen. Mit Camembert belegen. Kräuter darüber streuen. Je 1 Teigstreifen darauf legen. Gelbe Schinkenfüllung darauf verteilen. Mit je 1 Teigstreifen abschliessen. Zugedeckt 45–60 Minuten aufgehen lassen. Mit Mehl bestäuben.

4 Auf der untersten Rille des auf 200 °C vorgeheizten Ofens 50–55 Minuten backen.

5 Die Cakes warm oder kalt servieren.

Für 2 Cakeformen von 28 cm Länge

Backpapier für die Formen

Teig:
600 g Mehl
2 TL Salz
30 g Hefe, zerbröckelt
2–2,5 dl Milch
180 g Jogurt nature
90 g Butter, flüssig, ausgekühlt

Schinkenfüllung:
1 rote Peperoni, klein gewürfelt
1 gelbe Peperoni, klein gewürfelt
2 Zwiebeln, gehackt
Butter zum Dämpfen
125 g Bauernschinken, gehackt
50 g Rohschinken, gehackt
Salz, Pfeffer aus der Mühle

Käsefüllung:
250 g Camembert, in 4 mm dicke Scheiben geschnitten
4 EL gemischte Kräuter, z.B. Basilikum, Oregano, Thymian, gehackt

Mehl zum Bestäuben

Für ca. 16 Stück

1 Butter rühren, bis sich Spitzchen bilden. Zucker, Salz und Zitronenmelisse dazurühren. Eier beifügen und rühren, bis die Masse hell ist. Mehl mit Backpulver mischen, dazusieben und darunter mischen.

2 Teig in die mit Backpapier ausgelegte Form füllen, glatt streichen. Kirschen auf dem Teig verteilen, leicht hineindrücken. Meringues darüber streuen. Butter darauf geben.

Kirschenwürfel

3 Im unteren Teil des auf 200 °C vorgeheizten Ofens 30–35 Minuten backen, auskühlen lassen.

4 Das Gebäck in Würfel schneiden. Mit Rahm oder Crème fraîche und Zitronenmelisse garnieren.

« Statt Kirschen andere Saisonfrüchte, z. B. Aprikosen, Beeren, reife Birnen, Pfirsiche, Rhabarber usw. verwenden, je nach Grösse in Schnitze oder Stücke schneiden. **»**

1 Backform von 24 × 24 cm
Backpapier für die Form

175 g Butter, weich
100 g Rohzucker
1 Prise Salz
1 EL Zitronenmelisse, gehackt
2 Eier
200 g Mehl
1 TL Backpulver
500 g Kirschen, entsteint
3 Meringues, ca. 30 g, zerkrümelt
50 g Butter, kalt, in Stücke geschnitten

Garnitur:
1,8 dl Vollrahm, steif geschlagen
oder 180 g Crème fraîche
Zitronenmelisse

1 Förmchenboden mit Backpapier belegen, Rand bebuttern.

2 Butter und Schokolade mit Puderzucker und Likör oder Orangensaft bei kleiner Hitze schmelzen lassen, auskühlen lassen. Eigelb darunter rühren. Eiweiss mit Salz steif schlagen. Puderzucker beifügen und weiterschlagen, bis die Masse glänzt. Eischnee sorgfältig unter die Schokolademasse ziehen.

3 Die Hälfte der Masse in die Förmchen verteilen. Restliche Masse kühl stellen.

Halb gebackene Schokoladetörtchen

4 In der Mitte des auf 170 °C vorgeheizten Ofens 15–20 Minuten backen, leicht auskühlen lassen.

5 Restliche Masse in die Förmchen verteilen. Zugedeckt 2–3 Stunden kühl stellen.

6 Für die Garnitur Erdbeeren mit Puderzucker und Likör oder Orangensaft mischen. Zugedeckt 1 Stunde marinieren.

7 Die Törtchen mit einem Messer vom Förmchenrand lösen. Förmchen kurz in warmes Wasser tauchen, Törtchen auf Teller stürzen. Mit Erdbeeren garnieren. Crème fraîche dazuträufeln. Mit Puderzucker bestäuben.

**Für 4 Förmchen
von 1,5 dl Inhalt**

**Backpapier und Butter
für die Förmchen**

**50 g Butter
150 g dunkle Schokolade,
zerbröckelt
50 g Puderzucker
1 EL Orangenlikör
(Grand Marnier)
oder Orangensaft
2 Eigelb
2 Eiweiss
1 Prise Salz
1 EL Puderzucker**

**Garnitur:
250 g Erdbeeren, halbiert
oder geviertelt
1 EL Puderzucker
1 EL Orangenlikör
(Grand Marnier)
oder Orangensaft
2 EL Crème fraîche
Puderzucker**

1 Für die Teepflaumen Dörrfrüchte in Schwarztee
2 Stunden marinieren. Abgiessen, abtropfen lassen.

2 Für den Teig Mehl, Salz und Zucker mischen.
Butter beifügen und zu einer krümeligen Masse
verreiben, eine Mulde formen. Ei und Buttermilch
hineingiessen. Zu einem Teig zusammenfügen,
nicht kneten. In Folie gewickelt 30 Minuten kühl stellen.

3 Teig auf wenig Mehl rund, 2–3 mm dick auswallen.
Im mit Backpapier belegten Blech auslegen

Buttermilchfladen mit Teepflaumen

und Teigboden einstechen, kühl stellen.

4 Für den Guss alle Zutaten verrühren.
Teepflaumen auf dem Teigboden verteilen.
Guss darüber giessen.

5 Auf der untersten Rille des auf 220 °C vorgeheizten
Ofens 10 Minuten backen. Ofentemperatur
auf 180 °C reduzieren, 35–40 Minuten fertig backen.

6 Den Fladen in Stücke schneiden. Mit Zitronenmelisse
garnieren. Lauwarm oder kalt servieren.

Für 1 Blech von 28 cm ø

Backpapier für das Blech

Teepflaumen:
200 g Dörrpflaumen
ohne Stein
2 dl Schwarztee, heiss

Teig:
200 g Mehl
½ TL Salz
40 g Zucker
100 g Butter, kalt,
in Stücke geschnitten
1 Ei, verquirlt
1–2 EL Buttermilch

Guss:
4,5 dl Buttermilch
2,5 dl Doppelrahm
125 g Zucker
1 Päckchen Vanillezucker
4 Eier
2 EL Rum oder
einige Tropfen Rumaroma

Zitronenmelisse
zum Garnieren

Mokkatorte

Für 1 Springform von 24 cm ø

Backpapier für die Form

Teig:
4 Eigelb
125 g Zucker
1 Prise Salz
1 EL heisses Wasser
75 g Mehl
50 g Maisstärke
4 Eiweiss, steif geschlagen

Mokka-Buttercrème:
1,5 dl Milch
2 Eigelb
1 EL Maisstärke
100 g Zucker
2 ½ EL sofortlösliches Kaffeepulver
250 g Butter, weich

Garnitur:
ca. 50 g gemahlene Haselnüsse, geröstet (siehe Seite 13), ausgekühlt
Schokolade-Kaffeebohnen

1 Für den Teig Eigelb, Zucker, Salz und Wasser verrühren, bis die Masse hell ist. Mehl und Maisstärke mischen, dazusieben. Mit Eischnee sorgfältig darunter ziehen.

2 Teig in die mit Backpapier belegte Form füllen, glatt streichen.

3 Im unteren Teil des auf 180 °C vorgeheizten Ofens 25–30 Minuten backen, auskühlen lassen.

4 Für die Buttercrème Milch, Eigelb, Maisstärke und Zucker unter ständigem Rühren mit dem Schwingbesen bis vors Kochen bringen, absieben. Kaffeepulver darunter rühren. Auskühlen lassen, ab und zu rühren. Butter rühren, bis sich Spitzchen bilden. Mokkacrème löffelweise darunter rühren, weiterrühren, bis die Masse hell und luftig ist.

5 Biskuit waagrecht halbieren. Ca. ⅓ der Buttercrème auf dem Boden verteilen. Deckel darauf legen. Torte mit ca. der Hälfte der restlichen Buttercrème bestreichen.

6 Für die Garnitur Tortenrand und Tortenmitte mit Haselnüssen bestreuen. Restliche Buttercrème in einen Spritzsack mit gezackter Tülle füllen. Die Torte garnieren. Mit Schokolade-Kaffeebohnen belegen. Mindestens 1 Stunde kühl stellen.

Butterzopf

1 Mehl und Salz mischen, eine Mulde formen.
Hefe in wenig Milch auflösen, mit restlicher Milch
und Butter hineingiessen. Zu einem geschmeidigen
Teig kneten. Zugedeckt bei Raumtemperatur
aufs Doppelte aufgehen lassen.

2 Teig halbieren, 2 Stränge formen und einen Zopf
flechten. Auf ein mit Backpapier belegtes Blech legen,
15 Minuten aufgehen lassen. Mit Eigelb bepinseln.

3 Im unteren Teil des auf 200 °C vorgeheizten Ofens
50–60 Minuten backen.

Backpapier für das Blech

1 kg Mehl, z. B. Zopfmehl
1½ EL Salz
42 g Hefe, zerbröckelt
ca. 6 dl Milch, lauwarm
120 g Butter, flüssig,
ausgekühlt
1 Eigelb mit
1 EL Vollrahm verquirlt

1 Für den Teig Butter rühren, bis sich Spitzchen bilden. Puderzucker und Salz dazurühren. Milch darunter rühren. Mehl mit Backpulver mischen, dazusieben und darunter mischen.

2 Teig auf dem mit Backpapier belegten Blech ausstreichen. Im unteren Teil des auf 180 °C vorgeheizten Ofens 15 Minuten vorbacken.

Johannisbeerwürfel

3 Für den Belag alle Zutaten bis und mit Zitronensaft verrühren. Johannisbeeren darunter ziehen. Auf dem Gebäckboden verteilen.

4 Im unteren Teil des auf 180 °C vorgeheizten Ofens 40–45 Minuten fertig backen, auskühlen lassen.

5 Das Gebäck in Würfel schneiden. Mit Puderzucker bestäuben. Mit Johannisbeerrispen garnieren.

Für 1 Blech von 35 × 28 cm oder ⅔ eines ofengrossen Bleches (siehe Seite 9)

Backpapier für das Blech

Teig:
250 g Butter, weich
100 g Puderzucker
1 Prise Salz
1 dl Milch
350 g Mehl
¾ TL Backpulver

Belag:
300 g Zucker
5 EL Maisstärke
½ TL Backpulver
4–5 Eier
1 Zitrone, abgeriebene Schale und Saft
800 g Johannisbeeren

Garnitur:
Puderzucker
einige Johannisbeerrispen

Weisser Cheesecake

Für 1 Springform
von 24 cm ø

Backpapier für die Form
1 Spritztütchen
(siehe Seite 11)

Boden:
150 g Butterguetzli,
z. B. Petit Beurre
100 g weisse Toblerone,
fein gehackt
50 g Butter, flüssig

Belag:
500 g Vollfettquark
3 Eier
2 dl Vollrahm
75 g Puderzucker
2 EL Orangenlikör
(Grand Marnier)
50 g gewürfeltes Orangeat
1 EL Maisstärke

Garnitur:
50 g weisse Schokolade,
geschmolzen
(siehe Seite 13)
gewürfeltes Orangeat

1 Für den Boden Guetzli in einem Plastikbeutel fein zerkleinern (siehe Seite 13). Mit Schokolade und Butter mischen.

2 Masse in die mit Backpapier belegte Form füllen, mit einem Löffelrücken flach drücken.

3 Für den Belag alle Zutaten gut verrühren. In die Form giessen.

4 Im unteren Teil des auf 180 °C vorgeheizten Ofens 55–65 Minuten backen. In der Form auskühlen lassen, dann zugedeckt mindestens 12 Stunden kühl stellen.

5 Für die Garnitur Schokolade ins Spritztütchen füllen. Schokoladefäden über den Cake ziehen. Mit Orangeat garnieren.

Für ca. 75 Stück

1 Blech von 35 × 21 cm
oder ½ eines
ofengrossen Bleches
(siehe Seite 9)
Backpapier für das Blech

1 Butter schmelzen lassen. Pfanne von der Platte nehmen, Schokolade und Kaffeepulver beifügen, auflösen. Eier mit Zucker, Vanillezucker und Salz schlagen, bis die Masse hell ist. Schokolademasse dazumischen. Mehl und Haselnüsse darunter rühren.

2 Teig auf dem mit Backpapier belegten

Kaffee-Nuss-Brownies

Blech ausstreichen.

3 In der Mitte des auf 180 °C vorgeheizten Ofens 15–20 Minuten backen. Das Gebäck muss innen noch feucht sein, auskühlen lassen.

4 Das Gebäck in Würfel schneiden. Mit Kakaopulver bestäuben.

150 g Butter
325 g dunkle Schokolade, gehackt
3 EL sofortlösliches Kaffeepulver
5 Eier
300 g Zucker
1 Päckchen Vanillezucker
½ TL Salz
170 g Mehl
200 g Haselnüsse, gehackt

Kakaopulver
zum Bestäuben

Für 70 Stück

Backpapier für das Blech

Teig:
275 g Mehl
¾ TL Salz
1 Ei
1 Eigelb
6 EL Wasser
2–3 EL Butter, flüssig,
ausgekühlt

Füllung:
600 g gehacktes
Rindfleisch
3 EL Paniermehl
1 Zwiebel, fein gehackt
1 Knoblauchzehe, gepresst
2 Rüebli, ca. 200 g, gerüstet,
an der Bircherraffel
gerieben
2 TL Ingwerwurzel,
gerieben
1 Ei, verquirlt
1 Bund Schnittlauch,
geschnitten
1 EL Currypulver
2 ½ TL Salz
Pfeffer aus der Mühle

1 Ei, verquirlt

Dip:
80 g Doppelrahm-
frischkäse, z. B. Gala
250 g Halbfettquark
1 TL Senf
1 TL Zitronensaft
3 EL Kokosflocken
½ TL Zucker
1 roter Chili,
entkernt, gehackt
Salz, Pfeffer

1 Für den Teig Mehl und Salz mischen, eine Mulde formen. Ei mit Eigelb, Wasser und Butter verquirlen, hineingiessen. Zu einem glatten, geschmeidigen Teig kneten. Unter einer heiss ausgespülten Schüssel 30 Minuten ruhen lassen.

2 Für die Füllung alle Zutaten mischen, würzen und kneten, bis die Masse fein ist und zusammenhält. 10 fingerdicke Fleischröllchen formen.

3 Teig halbieren und auf wenig Mehl je ca. 40 × 30 cm gross auswallen. Längs je in 5 Streifen (6 cm breit)

Hackröllchen mit Quark-Dip

schneiden. Fleischröllchen darauf legen und Teigränder mit Ei bepinseln, aufrollen. Auf ein mit Backpapier belegtes Blech legen, mit Ei bepinseln.

4 In der Mitte des auf 200 °C vorgeheizten Ofens 15–20 Minuten backen.

5 Für den Dip Doppelrahmfrischkäse mit einer Gabel zerdrücken. Restliche Zutaten darunter rühren, würzen.

6 Die noch heissen Röllchen schräg je in 7 gleich lange Stücke schneiden. Warm mit dem Dip servieren.

Für 12 Stück

Backpapier für das Blech

1 Für den Teig Mehl, Salz und Zitronenschale mischen, eine Mulde formen. Hefe in wenig Wasser auflösen, mit restlichem Wasser und Butter hineingeben. Zu einem geschmeidigen Teig kneten. Zugedeckt bei Raumtemperatur aufs Doppelte aufgehen lassen.

2 Für die Füllung Rüebli im Dampfkörbchen knapp weich garen. Restliche Zutaten bis und mit Pfeffer verrühren, darüber giessen. Zugedeckt 30 Minuten ziehen lassen.

3 Teig in 12 Stücke teilen und von Hand Plätzchen (8 cm ø) formen. Auf ein mit Backpapier belegtes Blech

Mini-Focaccias mit marinierten Rüebli

legen, 15 Minuten aufgehen lassen. Mit Butter bepinseln. Gruyère darüber streuen.

4 In der Mitte des auf 220 °C vorgeheizten Ofens 10–12 Minuten backen. In ein Tuch gewickelt auskühlen lassen.

5 Die Focaccias einschneiden. Mit Rüebli, Marinade und Mozzarella füllen.

« Die gefüllten Focaccias in der Mitte des auf 180 °C vorgeheizten Ofens 5–8 Minuten backen, warm servieren. »

Teig:
250 g Mehl
100 g Maismehl
1 TL Salz
½ Zitrone,
abgeriebene Schale
21 g Hefe, zerbröckelt
ca. 2 dl Wasser
25 g Butter, weich,
in Stücke geschnitten

Füllung:
2–3 Rüebli, 250 g,
gerüstet, in Locken
geschnitten
1 Zitrone, Saft
0,5 dl Öl
2 EL Basilikum,
fein geschnitten
1 Prise Zimtpulver
Salz, Pfeffer
150 g Mozzarella,
klein gewürfelt

3 EL Butter, flüssig
3 EL Gruyère, gerieben

Marmor-Gugelhupf

1 Butter rühren, bis sich Spitzchen bilden. Zucker, Vanillezucker und Salz dazurühren. Eier beifügen und rühren, bis die Masse hell ist. Mehl und Backpulver mischen, dazusieben. Mit Rahm darunter rühren.

2 Die Hälfte des Teiges in die ausgebutterte und bemehlte Form füllen. Schokolade unter den restlichen Teig rühren. Auf den hellen Teig geben und mit einer Gabel spiralförmig vermischen (marmorieren).

3 Im unteren Teil des auf 180 °C vorgeheizten Ofens 50–60 Minuten backen, auskühlen lassen.

« Den Gugelhupf nach Belieben mit Puderzucker bestäuben. **»**

**Für 1 Gugelhupfform
von 1,5 l Inhalt**

**Butter und Mehl
für die Form**

200 g **Butter, weich**
175 g **Zucker**
1 **Päckchen Vanillezucker**
1 **Prise Salz**
4 **Eier**
350 g **Mehl**
2 TL **Backpulver**
2,5 dl **Vollrahm**
100 g **dunkle Schokolade,
geschmolzen
(siehe Seite 13),
ausgekühlt**

1 Für den Teig Mehl und Salz mischen, eine Mulde formen. Restliche Zutaten hineingeben. Zu einem Teig verrühren und klopfen, bis er glatt ist und Blasen wirft. Zugedeckt bei Raumtemperatur aufs Doppelte aufgehen lassen.

2 Teig in die ausgebutterten Förmchen verteilen. Förmchen mehrmals auf ein Tuch klopfen, damit der Teig keine Luftblasen hat. Bis ca. 1 cm unter den Förmchenrand aufgehen lassen.

3 Im unteren Teil des auf 200 °C vorgeheizten Ofens 20–25 Minuten backen. Auf ein Kuchengitter stürzen.

4 Für die Tränkflüssigkeit beide Zutaten aufkochen. Die Hälfte in die Förmchen giessen. Savarins hinein-

Savarins mit Pilz-Zwiebel-Füllung

legen. Restliche Flüssigkeit darüber träufeln.

5 Für die Füllung Pilze putzen (nicht waschen) und in Stücke schneiden. Portionenweise in heisser Bratbutter 3–4 Minuten braten, herausnehmen. Bundzwiebeln in aufschäumender Butter andämpfen, herausnehmen. Schalotten in verbliebener Butter andämpfen. Mit Wein und Madeira oder Bouillon ablöschen, zur Hälfte einkochen. Bouillon dazugiessen. Rahm mit Maisstärke verrühren, dazugeben und unter Rühren aufkochen. Pilze und Bundzwiebeln beifügen, erhitzen. Würzen.

6 Die Savarins auf Teller stürzen. Pilzfüllung in die Mitte geben. Mit Schnittlauch garnieren.

« Statt Förmchen 1 Ringform von ca. 1,25 l Inhalt verwenden, 25–30 Minuten backen. **»**

Für 4 Personen

8 Ringförmchen
von ca. 2 dl Inhalt
Butter für die Förmchen

Teig:
150 g Mehl
½ TL Salz
1 TL Honig
60 g Butter, flüssig
1 Ei, verquirlt
15 g Hefe, zerbröckelt
0,75–1 dl Milch
1 EL glattblättrige
Petersilie, fein gehackt

Tränkflüssigkeit:
2 dl Bouillon
4 EL Madeira oder Bouillon

Füllung:
500 g Pilze, z. B. Pleos,
Shiitake, Champignons
Bratbutter oder Bratcrème
2 Bundzwiebeln,
in Ringe geschnitten
Butter zum Dämpfen
1 Schalotte, fein gehackt
je 1 dl Weisswein
und Madeira
oder 1 dl Bouillon
1 dl Bouillon
2 dl Vollrahm
1 TL Maisstärke
Salz, Pfeffer

Schnittlauch
zum Garnieren

1 Für den Teig Eigelb, Zucker, Salz und Wasser verrühren, bis die Masse hell ist. Mehl, Backpulver und Kakaopulver mischen, dazusieben. Mit Eischnee sorgfältig darunter ziehen.

2 Teig in die mit Backpapier belegte Form füllen, glatt streichen.

3 Im unteren Teil des auf 180 °C vorgeheizten Ofens 30–35 Minuten backen, auskühlen lassen.

4 Für die Füllung Kirschen mit Zucker und Kirsch aufkochen, knapp weich kochen. Kirschen herausnehmen. Flüssigkeit etwas einkochen, auskühlen

Schwarzwäldertorte

lassen. Rahm mit Rahmhalter steif schlagen. Vanillezucker darunter mischen.

5 Biskuit waagrecht dritteln. Boden mit der Hälfte der Kirschenflüssigkeit tränken, mit der Hälfte der Kirschen belegen. Gut ⅓ des Rahms darauf streichen. Mittleres Biskuit darauf legen. Mit restlicher Flüssigkeit tränken, mit restlichen Kirschen belegen. Gut die Hälfte des restlichen Rahms darauf streichen. Biskuitdeckel darauf legen. Torte mit restlichem Rahm bestreichen und garnieren.

6 Die Torte mit Schokoladespänen bestreuen. Mit Kirschen garnieren.

Für 1 Springform
von 24 cm ø

Backpapier für die Form

Teig:
6 Eigelb
150 g Zucker
1 Prise Salz
2 EL heisses Wasser
175 g Mehl
1 TL Backpulver
2 EL Kakaopulver
6 Eiweiss,
steif geschlagen

Füllung:
400 g rote Kirschen
oder Weichseln, entsteint
50 g Zucker
2 EL Kirsch, nach Belieben
6 dl Vollrahm
2 Päckchen Rahmhalter,
nach Belieben
1 Päckchen Vanillezucker

Garnitur:
ca. 50 g Schokoladespäne
rote Kirschen
oder Weichseln,
ganz und geviertelt

Für 12 Förmchen
von 8–9 cm ø

Butter für die Förmchen
Förmchen oder Backpapier
und Hülsenfrüchte
zum Blindbacken

Teig:
175 g Mehl
1 Prise Salz
3 EL Puderzucker
125 g Butter, kalt,
in Stücke geschnitten
1 EL Kirsch
oder Wasser
1–2 EL Wasser

Glace:
2 Eigelb
30 g Zucker
1 EL heisses Wasser
je 25 g weisse
und dunkle Toblerone,
fein gehackt
1,25 dl Vollrahm,
steif geschlagen

Meringuage:
3 Eiweiss
1 Prise Salz
75 g Zucker

Puderzucker
zum Bestäuben

Glacetörtchen

1 Für den Teig Mehl, Salz und Puderzucker mischen. Butter beifügen und zu einer krümeligen Masse verreiben, eine Mulde formen. Kirsch und Wasser hineingiessen. Zu einem Teig zusammenfügen, nicht kneten. In Folie gewickelt 30 Minuten kühl stellen.

2 Teig auf wenig Mehl 2–3 mm dick auswallen. Kreise (10–11 cm ø) ausstechen. In die ausgebutterten Förmchen legen, Teigbödeli dicht einstechen und zum Blindbacken vorbereiten (siehe Seite 9). 20 Minuten kühl stellen.

3 In der Mitte des auf 220 °C vorgeheizten Ofens 10 Minuten blindbacken. Die zum Beschweren verwendeten Materialien entfernen. Bei 200 °C 4–5 Minuten fertig backen.

4 Für die Glace Eigelb, Zucker und Wasser verrühren, bis die Masse hell ist. Schokolade und Rahm sorgfältig darunter ziehen. In die Teigbödeli verteilen, mindestens 3 Stunden gefrieren lassen.

5 Für die Meringuage Eiweiss mit Salz steif schlagen. Die Hälfte des Zuckers beifügen und weiterschlagen, bis die Masse glänzt. Restlichen Zucker kurz darunter schlagen.

6 Meringuage in einen Spritzsack mit gezackter Tülle füllen. Auf die Törtchen spritzen. Sofort im oberen Teil des auf 220 °C vorgeheizten Ofens 3–4 Minuten backen.

7 Die Törtchen mit Puderzucker bestäuben. Sofort servieren.

Lebkuchencake
mit weisser Schokolade

1 Mehl und Backpulver in eine Schüssel sieben. Butter und Schokolade in Milch bei kleiner Hitze schmelzen lassen, leicht auskühlen lassen. Mit restlichen Zutaten zum Mehl geben. Zu einem glatten Teig verrühren.

2 Teig in die mit Backpapier ausgelegte Form füllen.

3 Auf der untersten Rille des auf 200 °C vorgeheizten Ofens 60–65 Minuten backen, auskühlen lassen.

4 Für die Garnitur Schokolade ins Spritztütchen füllen. Schokoladefäden über den Cake ziehen, trocknen lassen.

Für 1 Cakeform
von 28 cm Länge

Backpapier für die Form
1 Spritztütchen
(siehe Seite 11)

300 g Mehl
1 TL Backpulver
60 g Butter
200 g weisse Schokolade,
gehackt
2,5 dl Milch
2 Eier, verquirlt
150 g Zucker
1 Päckchen Vanillezucker
2 TL Lebkuchengewürz

Garnitur:
150 g weisse Schokolade,
geschmolzen
(siehe Seite 13)

1 Butter rühren, bis sich Spitzchen bilden.
Zucker, Vanillezucker und Salz dazurühren. Ei beifügen
und rühren, bis die Masse hell ist. Gewürze, Mehl
und Backpulver mischen, dazusieben. Mit Haferflöckli
und Korinthen oder Sultaninen darunter ziehen.

Kardamom-Hafer-Cookies

2 Mit zwei Löffeln baumnussgrosse Teighäufchen
auf ein mit Backpapier belegtes Blech geben,
leicht flach drücken.

3 In der Mitte des auf 180 °C vorgeheizten Ofens
13–17 Minuten backen.

Für 70 Stück

Backpapier für das Blech

175 g Butter, weich
225 g Rohzucker
1 Päckchen Vanillezucker
1 Msp. Salz
1 Ei
1 TL Zimtpulver
1 TL Kardamompulver
100 g Mehl
½ TL Backpulver
350 g Haferflöckli
125 g Korinthen
oder Sultaninen, gehackt

Für 4 Personen

1 Pizzabackplatte
von ca. 32 cm ø
Bratbutter oder Bratcrème
für die Backplatte

Teig:
250 g Mehl
½ EL Salz
1 TL Zucker
10 g Hefe, zerbröckelt
ca. 1,5 dl Wasser
50 g Butter, flüssig,
ausgekühlt

Belag:
1 Knoblauchzehe,
fein gehackt
Butter zum Dämpfen
400 g Kürbis,
z. B. Moschuskürbis,
gerüstet, gewürfelt
1 dl Vollrahm
Salz, Pfeffer
150 g Ziegenfrischkäse,
zerbröckelt
1 Zwiebel, halbiert,
in Spalten geschnitten
50 g entsteinte
grüne Oliven, halbiert
4 Majoranzweige,
Blättchen
3 EL Sbrinz, gerieben
Pfeffer

Majoranblättchen
zum Garnieren

Kürbispizza

1 Für den Teig Mehl, Salz und Zucker mischen, eine Mulde formen. Hefe in wenig Wasser auflösen, mit restlichem Wasser und Butter hineingeben. Zu einem geschmeidigen Teig kneten. Zugedeckt bei Raumtemperatur aufs Doppelte aufgehen lassen.

2 Für den Belag Knoblauch in aufschäumender Butter dämpfen. Kürbis beifügen, dämpfen. Rahm dazugiessen und Kürbis zugedeckt bei kleiner Hitze weich kochen. Mit einer Gabel grob zerdrücken, würzen und auskühlen lassen.

3 Teig auf die Grösse der Backplatte auswallen, Rand etwas dicker lassen. Auf die bebutterte Backplatte legen. Kürbismasse auf dem Teigboden verteilen, rundum ca. 2 cm Rand frei lassen. Ziegenfrischkäse, Zwiebeln und Oliven darauf verteilen. Majoran, Sbrinz und Pfeffer darüber streuen.

4 Auf der untersten Rille des auf 220 °C vorgeheizten Ofens 25–30 Minuten backen.

5 Die Pizza mit Majoran bestreuen.

« Statt Kürbis Rüebli oder Kartoffeln verwenden. Die Pizza kann auch auf einem mit Backpapier belegten ofengrossen Blech gebacken werden. Statt 1 grosse 4 kleine Pizzas backen. »

**Für 1 Springform
von 24 cm ø**

Backpapier und Butter
für die Form

Teig:
200 g Mehl
¼ TL Salz
30 g Zucker
100 g Butter, kalt,
in Stücke geschnitten
1 Ei, verquirlt
1–2 TL Milch, nach Bedarf

Apfelfüllung:
500 g rotschalige Äpfel,
z. B. Idared,
in Stücke geschnitten
½ Zitrone,
abgeriebene Schale
und 2 EL Saft
30 g Zucker
1 Zimtstange
1 Msp. Gewürznelken-
pulver
1 EL Karkadeblüten
oder 2 Beutel
Hagebuttentee
20 g Maisstärke

Rahmfüllung:
3,6 dl Vollrahm
2 Eier
60 g Zucker

2 EL Hartweizengriess

Garnitur:
einige Apfelschnitzchen
Puderzucker

1 Formboden mit Backpapier belegen, Rand bebuttern.

2 Für den Teig Mehl, Salz und Zucker mischen. Butter beifügen und zu einer krümeligen Masse verreiben, eine Mulde formen. Ei und Milch hinein- giessen. Zu einem Teig zusammenfügen, nicht kneten. In Folie gewickelt 30 Minuten kühl stellen.

3 Für die Apfelfüllung alle Zutaten bis und mit Karkadeblüten oder Hagebuttentee aufkochen, Äpfel zugedeckt 15 Minuten weich kochen. Zimtstange und Karkadeblüten oder Teebeutel entfernen. Äpfel durchs Passe-vite treiben, auskühlen lassen. Maisstärke darunter rühren.

4 Für die Rahmfüllung alle Zutaten verrühren.

5 Ca. ⅓ des Teiges direkt auf dem Formboden auf

Rosarote Apfel-Rahm-Tarte

24 cm ø auswallen, einstechen. Formring anschliessen. Aus restlichem Teig 1 Rolle (75 cm lang) formen, dem Rand entlang in die Form legen und von Hand ca. 4 cm hochziehen, festdrücken. 20 Minuten kühl stellen. Griess auf den Teigboden streuen. Apfelfüllung darauf streichen. Rahmfüllung sorgfältig, langsam darauf giessen.

6 Im unteren Teil des auf 220 °C vorgeheizten Ofens 15 Minuten backen. Ofentemperatur auf 180 °C reduzieren, 40–45 Minuten fertig backen. Auskühlen lassen, dann mindestens 2 Stunden kühl stellen.

7 Die Tarte in Stücke schneiden, mit Äpfeln auf Tellern anrichten. Mit Puderzucker bestäuben.

« Karkadeblüten oder Hagebutten geben der Apfel- füllung eine schöne rosarote Farbe. Karkadeblüten sind in Drogerien und Reformhäusern erhältlich. **»**

1 Für den Teig Mehl und Salz mischen, eine Mulde formen. Hefe in wenig Milch auflösen, mit restlicher Milch, Eiern und Butter hineingeben. Zu einem geschmeidigen Teig kneten. Tomaten kurz darunter kneten. Zugedeckt bei Raumtemperatur aufs Doppelte aufgehen lassen.

2 Aus dem Teig 12 gleich grosse Kugeln formen. In die ausgebutterten Förmchen geben, zugedeckt 1 Stunde aufgehen lassen. Mit Eigelb bepinseln,

Dörrtomaten-Brioches

übers Kreuz einschneiden.

3 In der Mitte des auf 200 °C vorgeheizten Ofens 20–25 Minuten backen.

4 Für die Füllung alle Zutaten bis und mit Zitronenschale mischen, würzen.

5 Die lauwarmen Brioches waagrecht halbieren. Quarkfüllung und Forellen auf die Böden verteilen. Deckel darauf legen.

**Für 12 Förmchen
von ca. 6 cm ø**

Butter für die Förmchen

Teig:
350 g Mehl, z. B. Zopfmehl
½ TL Salz
21 g Hefe, zerbröckelt
ca. 0,5 dl Milch
2 Eier, verquirlt
125 g Butter, weich,
in Stücke geschnitten
75 g getrocknete
Tomaten in Öl, abgetropft,
klein gewürfelt

1 Eigelb mit
1 EL Milch verquirlt

Füllung:
150 g Rahmquark
2 EL Kapern
1 kleine rote Zwiebel,
fein gehackt
wenig Zitronenschale
Salz, Pfeffer
2 geräucherte
Forellenfilets, ca. 125 g,
in Stücke gezupft

1 Auf Backpapier 8 Kreise (ca. 8 cm ø) zeichnen.
Backpapier wenden, auf ein Blech legen.

2 Für den Teig alle Zutaten bis und mit Zitronenschale
aufkochen, Hitze reduzieren. Mehl im Sturz beifügen
und rühren, bis sich ein geschmeidiger Teigkloss
gebildet hat. Leicht auskühlen lassen. Eier portionenweise darunter rühren, bis der Teig weich ist,
aber nicht zerfliesst.

3 Teig in einen Spritzsack mit grosser gezackter
oder glatter Tülle füllen. Je 10 Teighäufchen kreisförmig,
mit 1 cm Abstand auf die Backpapierkreise spritzen.

4 Im unteren Teil des auf 200 °C vorgeheizten Ofens
10 Minuten backen. Ofentemperatur auf 160 °C
reduzieren, 30–35 Minuten fertig backen. Im leicht
geöffneten Ofen 20 Minuten trocknen lassen.

Holunderblütenkränzchen

5 Für die Crème Rahm mit Holunderblüten aufkochen,
von der Platte nehmen und 45 Minuten ziehen lassen.
Absieben und Rahm auf 4 dl ergänzen, aufkochen.
Eier mit Zucker zu einer hellen, schaumigen Masse
schlagen. Holunderblütenrahm unter Rühren zur Eimasse
giessen. In die Pfanne zurückgeben und unter Rühren
bis kurz vors Kochen bringen. Gut ausgepresste Gelatine
beifügen und rühren, bis sie aufgelöst ist. Zitronenschale und -saft darunter rühren. Im Kühlschrank leicht
ansulzen lassen.

6 Crème in einen Spritzsack mit gezackter oder
glatter Tülle füllen. Kränzchen auf Tellern anrichten.
Crème in die Mitte spritzen. 1 Stunde kühl stellen,
bis die Crème fest ist.

7 Die Kränzchen mit Puderzucker bestäuben.
Mit Holunderblüten garnieren.

Für 8 Stück

Backpapier für das Blech

Teig:
1,5 dl Wasser
1 dl Milch
50 g Butter
¼ TL Salz
40 g Zucker
½ Zitrone,
abgeriebene Schale
130 g Mehl
3–4 Eier, verquirlt

Crème:
4–5 dl Vollrahm
8–10 Holunderblüten-
dolden, ausgeschüttelt
3 Eier
75 g Zucker
4 Blatt Gelatine,
in kaltem Wasser
eingeweicht
½ Zitrone,
abgeriebene Schale
und Saft

Garnitur:
Puderzucker
Holunderblüten

1 Für den Teig Mehl und Salz mischen. Butter beifügen und zu einer krümeligen Masse verreiben, eine Mulde formen. Wasser und Essig hineingiessen. Zu einem Teig zusammenfügen, nicht kneten. In Folie gewickelt 30 Minuten kühl stellen.

2 Für den Belag Quitten waschen, mit einem Tuch abreiben. Auf einem mit Backpapier belegten Blech verteilen und in der Mitte des auf 180 °C vorgeheizten Ofens 1 Stunde garen. Kalt abschrecken, auskühlen lassen. Quitten schälen, entkernen und Fruchtfleisch in Stücke schneiden. Mit Wein pürieren und restliche Zutaten darunter mischen, würzen.

3 Wenig Teig für die Garnitur beiseite stellen.

Pikanter Quittenkuchen

Restlichen Teig auf wenig Mehl rund, ca. 3 mm dick auswallen. Im mit Backpapier belegten Blech auslegen, Teigboden einstechen. Quittenmasse darauf verteilen.

4 Für die Garnitur aus dem Teig beliebige Formen ausstechen oder -schneiden und auf den Kuchen legen, mit Eigelb bepinseln.

5 Auf der untersten Rille des auf 220 °C vorgeheizten Ofens 30–35 Minuten backen.

6 Den noch heissen Kuchen in Stücke schneiden. Mit Currypulver bestäuben. Mit Schnittlauch garnieren. Warm servieren.

« Dinkelvollmehl ist in Reformhäusern und Bioläden erhältlich. **»**

Für 1 Blech von 28 cm ø

Backpapier für das Blech

Teig:
125 g Weiss-
oder Halbweissmehl
75 g Dinkelvollmehl
¾ TL Salz
75 g Butter, kalt,
in Stücke geschnitten
4–5 EL Wasser
1 EL Essig

Belag:
1 kg Quitten
1 dl Weisswein oder
alkoholfreier Apfelwein
250 g Mascarpone,
Raumtemperatur
3 Eier
2 TL Currypulver
1–2 TL Ingwerwurzel,
gerieben
¾ TL Salz
Pfeffer aus der Mühle

Garnitur:
1 Eigelb mit
1 TL Milch verquirlt
Currypulver
Schnittlauch

Für 1 Blech von 28 × 20 cm
oder 28 cm ø

Backpapier für das Blech

125 g Butter, weich
125 g Rohzucker
½ Päckchen Vanillezucker
1 Prise Salz
2 Eier
2 TL Sternanispulver
oder Lebkuchengewürz
2–3 EL Milch
200 g Mehl
1 TL Backpulver
ca. 4 kleinere Birnen,
z. B. gute Luise,
geschält, in Schnitze
geschnitten
1–2 EL Zitronensaft
1 EL Zucker

2 EL Aprikosenkonfitüre,
erwärmt, durch ein Sieb
gestrichen

1 Butter rühren, bis sich Spitzchen bilden. Zucker, Vanillezucker und Salz dazurühren. Eier beifügen und rühren, bis die Masse hell ist. Sternanispulver oder Lebkuchengewürz und Milch darunter mischen. Mehl mit Backpulver mischen, dazusieben und darunter rühren.

2 Teig auf dem mit Backpapier belegten Blech verteilen. Birnen in Zitronensaft wenden, ziegelartig

Birnenblechkuchen mit Sternanis

auf den Teig legen. Zucker darüber streuen.

3 Im unteren Teil des auf 200 °C vorgeheizten Ofens 20–25 Minuten backen.

4 Den noch heissen Kuchen mit Konfitüre bestreichen.

« Sternanispulver ist in Drogerien und Reformhäusern erhältlich. Lebkuchengewürz gibts bei Grossverteilern. »

Butter und Mehl
für die Form

1 Für den Teig Butter rühren, bis sich Spitzchen bilden.
Zucker und Salz dazurühren. Eier beifügen und rühren,
bis die Masse hell ist. Jogurt und Haselnüsse darunter
mischen. Mehl mit Backpulver mischen, dazusieben und
darunter rühren. Aprikosen und Zitronensaft mischen,
darunter ziehen.

Teig:
90 g Butter, weich
125 g Zucker
1 Msp. Salz
2 Eier
125 g Jogurt nature

2 Teig in die ausgebutterte und bemehlte Form füllen.

75 g gemahlene

3 Im unteren Teil des auf 180 °C vorgeheizten Ofens
35–40 Minuten backen. Auf ein Kuchengitter stürzen.

Haselnüsse
175 g Mehl
1 TL Backpulver

Aprikosen-Jogurt-Kuchen

175 g reife Aprikosen,

4 Für die Garnitur den noch heissen Kuchen mit Konfitüre bestreichen, auskühlen lassen. Zucker, Wasser
und Zitronensaft aufkochen. Aprikosen beifügen,
unter mehrmaligem Wenden köcheln, bis alle Flüssigkeit
verdampft ist und sich der Zucker um die Aprikosen legt.

klein gewürfelt
1½ EL Zitronensaft

Garnitur:
4 EL Aprikosenkonfitüre,
erwärmt, durch ein Sieb
gestrichen

5 Den Kuchen in Stücke schneiden, mit den Aprikosen
auf Tellern anrichten. Mit Puderzucker bestäuben.
Mit Zitronenmelisse garnieren.

4 EL Zucker
4 EL Wasser
1 EL Zitronensaft

« Statt Ringform 1 Cakeform von 24–25 cm Länge
verwenden. »

einige Aprikosen,
in Schnitze geschnitten
Puderzucker
Zitronenmelisse

1 Für den Teig Mehl und Salz mischen, eine Mulde formen. Hefe in wenig Milch auflösen, mit restlicher Milch und Butter hineingeben. Zu einem geschmeidigen Teig kneten. Zugedeckt bei Raumtemperatur aufs Doppelte aufgehen lassen.

2 Teig auf wenig Mehl rund, im ø 6–8 cm grösser als das Blech auswallen. Teigrand mit einem Teigrädchen blumenförmig zuschneiden.

Rahmfladen

Teig im bebutterten Blech auslegen.

3 Für den Belag alle Zutaten bis und mit Vanillezucker gut verrühren, auf den Teigboden giessen. Teigrand etwas hineinlegen. Teig und Belag mit Zimtzucker bestreuen.

4 Im unteren Teil des auf 220 °C vorgeheizten Ofens 25–30 Minuten backen.

« Statt Hefeteig Kuchen- oder Mürbeteig verwenden. **»**

Für 1 Blech von 28 cm ø

Butter für das Blech

Teig:
250 g Mehl
¼ TL Salz
10 g Hefe, zerbröckelt
ca. 1,5 dl Milch
50 g Butter, weich,
in Stücke geschnitten

Belag:
3 dl Vollrahm
1 Ei
2 EL Maisstärke
3 EL Zucker
1 Päckchen Vanillezucker
1–2 EL Zimtzucker

Für 35 Stück

Backpapier für das Blech

Makrönchenmasse:
200 g Mandelmasse
(siehe Seite 11), gerieben
100 g Zucker
75 g gemahlene Haselnüsse
25 g dunkle Schokolade, gerieben
2 Eiweiss, verquirlt

Schokolademasse:
0,75 dl Vollrahm
150 g dunkle Schokolade, fein gehackt
50 g Butter, in Stücke geschnitten
½ – 1 EL Cognac, nach Belieben

Garnitur:
2 Beutel dunkle oder Haselnuss-Kuchenglasur, geschmolzen (siehe Seite 13)
35 Silberkügelchen

1 Für die Makrönchenmasse alle Zutaten gut verrühren.

2 Masse in einen Spritzsack mit grosser glatter Tülle füllen. Nussgrosse Häufchen auf ein mit Backpapier belegtes Blech spritzen, über Nacht trocknen lassen.

3 In der Mitte des auf 180 °C vorgeheizten Ofens 8–12 Minuten backen. Makrönchen auskühlen lassen, dann sorgfältig vom Backpapier lösen, wenden und etwas flach drücken, damit sie gerade stehen.

4 Für die Schokolademasse Rahm aufkochen.

Haselnuss-Schokolade-Spitzchen

Pfanne von der Platte nehmen, Schokolade beifügen und unter Rühren schmelzen lassen. Auskühlen lassen, ab und zu rühren. Butter und Cognac dazugeben, rühren, bis die Masse hell und luftig ist.

5 Masse in einen Spritzsack mit glatter Tülle füllen. Sofort auf die Makrönchen spritzen.

6 Für die Garnitur Schokoladespitzchen in die Glasur tauchen, abtropfen lassen. Mit Silberkügelchen garnieren, trocknen lassen.

Apfeltaler

1 Für den Teig Mehl, Backpulver, Salz und Zucker mischen. Butter beifügen und zu einer krümeligen Masse verreiben, eine Mulde formen. Ei hineingiessen. Zu einem Teig zusammenfügen, nicht kneten. In Folie gewickelt 30 Minuten kühl stellen.

2 Teig auf wenig Mehl 3 mm dick auswallen. 12 Kreise (9 cm ø) ausstechen. Auf ein mit Backpapier belegtes Blech legen, 20 Minuten kühl stellen.

3 Für den Belag Äpfel schälen, halbieren und Kerngehäuse entfernen. Äpfel in Schnitze schneiden, ziegelartig auf die Teigkreise legen. Butter, Zucker und Zimtpulver mischen, auf die Äpfel streichen.

4 In der Mitte des auf 220 °C vorgeheizten Ofens 15–18 Minuten backen.

5 Die Apfeltaler mit Calvados beträufeln. Lauwarm oder kalt servieren.

« Crème fraîche oder Vanilleglace dazu servieren. Statt Äpfel Birnen verwenden. »

Für 12 Stück

Backpapier für das Blech

Teig:
200 g Mehl
½ TL Backpulver
1 Prise Salz
3 EL Zucker
100 g Butter, kalt,
in Stücke geschnitten
1 Ei, verquirlt

Belag:
3 Äpfel, z. B. Cox Orange
50 g Butter, flüssig
2 EL Zucker
½ TL Zimtpulver

Calvados zum Beträufeln,
nach Belieben

1 Formboden mit Backpapier belegen, Rand bebuttern.

2 Für die Füllung alle Zutaten bis und mit Gelierzucker aufkochen, unter Rühren 3–4 Minuten sprudelnd kochen. Gut ausgepresste Gelatine beifügen und rühren, bis sie aufgelöst ist. Leicht auskühlen lassen.

3 Für den Teig Butter rühren, bis sich Spitzchen bilden. Zucker und Salz dazurühren. Ei beifügen und rühren, bis die Masse hell ist. Zitronenschale, Gewürze und Baumnüsse darunter mischen. Mehl dazusieben, darunter rühren.

Baumnusstorte mit Pflaumenfüllung

4 Ca. ⅓ des Teiges für die Garnitur beiseite stellen. Restlichen Teig auf dem Formboden ausstreichen, am Rand 2–3 cm hochziehen. Füllung auf dem Teigboden verteilen.

5 Für die Garnitur Teig mit Mehl mischen und auf wenig Mehl 3 mm dick auswallen. Beliebige Formen ausstechen und auf den Teigrand oder die Füllung legen, mit Eigelb bepinseln.

6 Auf der untersten Rille des auf 180 °C vorgeheizten Ofens 45–50 Minuten backen, auskühlen lassen.

7 Die Torte vor dem Servieren 2–3 Stunden kühl stellen.

**Für 1 Springform
von 24 cm ø**

**Backpapier und Butter
für die Form**

Füllung:
**500 g rote Pflaumen,
in feine Schnitze
geschnitten**
**½ Zitrone, abgeriebene
Schale und Saft**
200 g Gelierzucker
**3 Blatt Gelatine,
in kaltem Wasser
eingeweicht**

Teig:
150 g Butter, weich
150 g Zucker
1 Prise Salz
1 Ei
**½ Zitrone,
abgeriebene Schale**
½ TL Zimtpulver
**1 Msp. Gewürznelken-
pulver**
**200 g Baumnüsse,
gemahlen**
200 g Mehl

Garnitur:
2–3 EL Mehl
**1 Eigelb mit
1 TL Milch verquirlt**

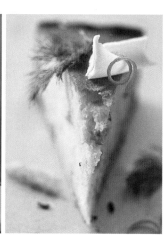

Fenchel-Zitronen-Kuchen

1 Butter rühren, bis sich Spitzchen bilden. Zucker, Salz und Zitronenschale dazurühren. Eier beifügen und rühren, bis die Masse hell ist. Fenchelsamen, Fenchel und Schokolade darunter mischen. Mehl mit Backpulver mischen, dazusieben und darunter rühren.

2 Teig in die mit Backpapier ausgelegte Form füllen, glatt streichen.

3 Im unteren Teil des auf 180 °C vorgeheizten Ofens 40–50 Minuten backen, auskühlen lassen.

4 Für die Garnitur von der Schokolade mit einem Messer Locken abschaben. Den Cake mit Schokoladelocken, Fenchelgrün und Zitronenzesten garnieren.

« Fenchelsamen sind in Drogerien, Reformhäusern und Apotheken erhältlich. »

**Für 1 Springform
von 24 cm ø**

Backpapier für die Form

200 g Butter, weich
175 g Zucker
1 Prise Salz
**1 Zitrone,
abgeriebene Schale**
4 Eier
1 EL Fenchelsamen
**150 g Fenchel, gerüstet,
klein gewürfelt**
**150 g weisse Schokolade,
klein gewürfelt**
200 g Mehl
1 TL Backpulver

Garnitur:
weisse Schokolade
Fenchelgrün
Zitronenzesten, blanchiert

1 Formboden mit Backpapier belegen, Rand bebuttern.

2 Für den Teig Mehl und Salz mischen, eine Mulde formen. Hefe in wenig Milch auflösen, mit restlicher Milch hineingiessen. Zu einem geschmeidigen Teig kneten. Zugedeckt bei Raumtemperatur aufs Doppelte aufgehen lassen.

3 Für die Füllung Zwiebeln in aufschäumender Butter andämpfen. Sauerkraut und Kürbis dazugeben, kurz dämpfen. Mit Wein oder Wasser ablöschen, Bouillonpaste beifügen und 10–15 Minuten köcheln, bis alle Flüssigkeit verdampft ist. Birnen dazugeben, würzen. Auskühlen lassen.

4 Für den Guss alle Zutaten verrühren, würzen. Mit Füllung mischen.

5 Wenig Teig für die Garnitur beiseite stellen.

Sauerkraut-Kürbis-Pie

Restlichen Teig dritteln, auf wenig Mehl 2 Kreise (24 cm ø) auswallen und 1 Rolle (75 cm lang) formen. 1 Teigkreis in die Form legen und einstechen, den anderen auf Backpapier kühl stellen. Teigrolle dem Rand entlang in die Form legen und von Hand 5–6 cm hochziehen, festdrücken. Füllung auf dem Teigboden verteilen. Teigrand mit Wasser bestreichen und gekühlten Teigkreis darauf legen, festdrücken.

6 Für die Garnitur aus dem Teig beliebige Formen ausstechen, darauf legen. Pie mit Mehl bestäuben.

7 Im unteren Teil des auf 220 °C vorgeheizten Ofens 30–35 Minuten backen.

« Weichspeckbirnen sind halbgedörrte, sehr saftige, weiche Birnen. Sie sind in Drogerien, Reformhäusern und z. T. bei Grossverteilern erhältlich. »

Für 4–6 Personen

1 Springform von 24 cm ø
Backpapier und Butter
für die Form

Teig:
400 g Ruchmehl
1 TL Salz
21 g Hefe, zerbröckelt
ca. 2,25 dl Milch

Füllung:
1 Zwiebel, gehackt
Butter zum Dämpfen
500 g rohes Sauerkraut
400 g Kürbis,
z. B. Butternut, gerüstet,
in ca. 1,5 cm grosse
Würfel geschnitten
1,5 dl Weisswein
oder Wasser
1½ TL Gemüse-
bouillonpaste
4 Weichspeckbirnen,
in Streifen geschnitten
Salz, Pfeffer

Guss:
3,6 dl Saucenrahm
2 Eier
75 g Gruyère, gerieben
1 TL Salz
Pfeffer aus der Mühle,
Paprikapulver

Mehl zum Bestäuben

Für 2 Bleche von 28 cm ø
Backpapier für die Bleche

Teig:
100 g Butter, weich
1 Prise Salz
100 g Zucker
4 EL Honig
½ TL Zimtpulver
1 Eiweiss
75 g Mehl

Puderzucker
zum Bestäuben

Caramel-Aprikosen:
4 EL Wasser
4 EL Zucker
1 dl Weisswein
oder Wasser
300 g Aprikosen, geviertelt

Garnitur:
150 g Brombeeren
Zitronenmelisse
Puderzucker
180 g Crème fraîche

1 Für den Teig Butter rühren, bis sich Spitzchen bilden. Salz, Zucker, Honig und Zimtpulver dazurühren. Eiweiss darunter rühren. Mehl dazusieben, darunter mischen.

2 Teig halbieren. Auf den mit Backpapier belegten Blechen ausstreichen.

3 Nacheinander im unteren Teil des auf 200 °C vorgeheizten Ofens oder zusammen im auf 180 °C vorgeheizten Heiss-/Umluftofen 15–18 Minuten backen, auskühlen lassen.

4 Gebäck mit Puderzucker bestäuben.

Waffeln mit Caramel-Aprikosen und Brombeeren

In Stücke schneiden oder brechen.

5 Für die Aprikosen Wasser mit Zucker aufkochen und köcheln, bis ein braunes Caramel entsteht. Pfanne von der Platte nehmen. Mit Wein oder Wasser ablöschen und nochmals köcheln, bis das Caramel aufgelöst ist. Aprikosen beifügen und knapp unter dem Siedepunkt 4–5 Minuten garen, auskühlen lassen.

6 Die Waffeln mit den Aprikosen und Brombeeren auf Tellern anrichten. Mit Zitronenmelisse garnieren. Mit Puderzucker bestäuben. Crème fraîche darüber träufeln.

1 Für den Teig Mehl, Salz und Puderzucker mischen.
Butter beifügen und zu einer krümeligen Masse
verreiben, eine Mulde formen. Ei hineingiessen.
Zu einem Teig zusammenfügen, nicht kneten.
In Folie gewickelt 30 Minuten kühl stellen.

2 Teig auf wenig Mehl 2 mm dick auswallen.
12 Kreise oder Ovale (10–11 cm ø) ausstechen.
In die ausgebutterten Förmchen legen, Teigbödeli
dicht einstechen und zum Blindbacken vorbereiten (siehe Seite 9). 20 Minuten kühl stellen.

3 In der Mitte des auf 220 °C vorgeheizten Ofens

Meringue-Beeren-Tartelettes

10 Minuten blindbacken. Die zum Beschweren
verwendeten Materialien entfernen. Bei 200 °C
3–4 Minuten fertig backen, auskühlen lassen.

4 Für die Füllung Heidelbeeren und Meringues
in die Bödeli verteilen. Doppelrahm und Vanillezucker
verrühren, auf die Beeren geben. Mit Vanillezucker
bestreuen. Sofort servieren.

« Die gefüllten Tartelettes kurz unter dem Grill
oder im oberen Teil des Ofens überbacken,
lauwarm servieren. Statt Heidelbeeren Himbeeren
oder eine Beerenmischung verwenden. **»**

**Für 12 runde oder ovale
Förmchen von 8–9 cm ø**

**Butter für die Förmchen
Förmchen oder Backpapier
und Hülsenfrüchte
zum Blindbacken**

**Teig:
150 g Mehl
1 Prise Salz
2 EL Puderzucker
75 g Butter, kalt,
in Stücke geschnitten
1 Ei, verquirlt**

**Füllung:
ca. 250 g Heidelbeeren
1–2 Meringues, ca. 15 g,
zerkrümelt
2 dl Doppelrahm
1 Päckchen Vanillezucker**

**Vanillezucker
zum Bestreuen**

Käsekuchen

1 Für den Teig Mehl und Salz mischen. Butter beifügen und zu einer krümeligen Masse verreiben, eine Mulde formen. Essig und Wasser hineingiessen. Zu einem Teig zusammenfügen, nicht kneten. In Folie gewickelt 30 Minuten kühl stellen.

2 Teig auf wenig Mehl rund auswallen. Im bebutterten Blech auslegen und Teigboden dicht einstechen, 15 Minuten kühl stellen.

3 Für den Belag alle Zutaten mischen. Auf den Teigboden giessen.

4 Auf der untersten Rille des auf 220 °C vorgeheizten Ofens 30–35 Minuten backen.

« Zusätzlich 3–4 EL fein gehackten frischen Spinat unter die Käsemasse mischen. Für einen luftigeren, leichteren Kuchen 1 Msp. Natronpulver unter die Füllung rühren. **»**

Für 1 Blech von 28 cm ø

Butter für das Blech

Teig:
250 g Mehl
1 TL Salz
100 g Butter, kalt,
in Stücke geschnitten
1 EL Essig
ca. 1 dl kaltes Wasser

Belag:
150 g rezenter Gruyère,
gerieben
150 g Emmentaler, gerieben
2 dl Milch
2 dl Vollrahm
3 Eier, verquirlt
½ TL Salz
Pfeffer, Muskatnuss,
Safran

238

Rezepte: A bis Z

A
87 Apfel-Johannisbeer-Schnecke
204 Apfel-Rahm-Tarte, rosarote
223 Apfeltaler
40 Apfelwähe
111 Apple-Pie, pikanter, mit Preiselbeeren
217 Aprikosen-Jogurt-Kuchen

B
225 Baumnusstorte mit Pflaumenfüllung
74 Beerenpizzas
212 Birnenblechkuchen mit Sternanis
22 Biskuitroulade
mit Erdbeer-Rahm-Füllung
85 Brioche-Gugelhupf
mit Orangenblütentee getränkt
47 Brombeer-Zimt-Cake
165 Brotcakes, gefüllte
114 Brötchenrad mit Tête de Moine
und Basilikum
173 Buttermilchfladen mit Teepflaumen
43 Butterschnitten
177 Butterzopf

C
102 Calzoni mit Pilzen und Kalbfleisch
119 Cappuccino-Kartoffel-Torte
143 Cappuccino-Törtchen
113 Cassis-Schokolade-Rhomben
181 Cheesecake, weisser
71 Chicorée-Jalousien
149 Croquembouche
mit Honig-Wein-Füllung

D
79 Diplomattorte
207 Dörrtomaten-Brioches

E
69 Erdbeer-Bonbons

F
227 Fenchel-Zitronen-Kuchen
135 Florentinerli, neue
187 Focaccias, Mini-, mit marinierten Rüebli

G
196 Glacetörtchen
33 Griesskuchen, pikanter, mit Gemüse

H
184 Hackröllchen mit Quark-Dip
220 Haselnuss-Schokolade-Spitzchen
163 Heidelbeer-Nektarinen-Focaccias
209 Holunderblütenkränzchen
88 Holunder-Eier-Kuchen

J
57 Japonais-Törtchen
mit Rotwein-Rhabarber
179 Johannisbeerwürfel

K
183 Kaffee-Nuss-Brownies
55 Kaffee-Nuss-Gipfeli
201 Kardamom-Hafer-Cookies
155 Kartoffel-Broccoli-Weggen
61 Kartoffel-Rohschinken-Tarte
235 Käsekuchen
97 Käse-Shortbread mit grünem Pfeffer
167 Kirschenwürfel
121 Kirschtorte
145 Krautstielenwähe mit Rohessspeck
und Jurakäse
77 Kügelitorte
203 Kürbispizza

L
199 Lebkuchencake
mit weisser Schokolade

M
159 Maisbrötchen
137 Mandel-Perlen-Törtchen
189 Marmor-Gugelhupf
150 Marronibrot
91 Marronicake
233 Meringue-Beeren-Tartelettes
174 Mokkatorte
39 Monte Rosa
101 Mousse-Torte, rosa

N
94 Nougat-Kürbis-Kuchen
109 Nusskegel

O
99 Osterflädli

P
131 Petit fours
67 Pflaumenkuchen, verkehrter,
mit Koriander
125 Pilz-Rahm-Schnittchen
49 Pouletstrudel mit Lavendel
und Knoblauchrahm
27 Praliné-Muffins
64 Pralinwelle

Q
160 Quarktorte mit Himbeeren
211 Quittenkuchen, pikanter
83 Quitten-Rahm-Torte

R
219 Rahmfladen
117 Randen-Orangen-Cake
35 Rhabarber-Quark-Küchlein
50 Rüeblitorte mit Mokka-Buttercrème

S
107 Safranfischli
229 Sauerkraut-Kürbis-Pie
193 Savarins mit Pilz-Zwiebel-Füllung
53 Sbrinzhäufchen
140 Schachbrett-Pyramide
157 Schokolade-Mais-Guetzli, glasierte
73 Schokolade-Nuss-Cake
171 Schokoladetörtchen, halb gebackene
21 Schokoladetorte
132 Schokoladewürfel
195 Schwarzwäldertorte
25 Schweinsfilet im Apfelmantel
93 Spargelrolle an Kerbel-Vinaigrette
29 Spitzbuben, pikante
153 Süssholzguetzli

V
19 Vanille-Kirschen-Rosette
129 Vitello-tomato-Herzli

W
230 Waffeln mit Caramel-Aprikosen
und Brombeeren

Z
122 Zebra-Cake
139 Zigerwähe
30 Zitronenkräuter-Cake
45 Zucchiniblechkuchen mit Kräutern
63 Zuccotto